AF746138

www.ingramcontent.com/pod-product-compliance
Lightning Source LLC
LaVergne TN
LVHW010830051026
849532LV00007B/2660
9789369081936

اذکارِ میسور

(تحقیقی مضامین)

اکرام کاوش

© Ikraam Kawish

Azkaar-e-Mysore
by: Ikraam Kawish
Edition: September '2025
Publisher :
Taemeer Publications LLC (Michigan, USA / Hyderabad, India)

ISBN 978-93-6908-193-6

مصنف یاناشر کی پیشگی اجازت کے بغیر اس کتاب کا کوئی بھی حصہ کسی بھی شکل میں بشمول ویب سائٹ پر اَپ لوڈنگ کے لیے استعمال نہ کیا جائے۔ نیز اس کتاب پر کسی بھی قسم کے تنازع کو نمٹانے کا اختیار صرف حیدرآباد (تلنگانہ) کی عدلیہ کو ہو گا۔

© اکرام کاوش

کتاب	:	**اذکارِ میسور** (تحقیقی مضامین)
مصنف	:	**اکرام کاوش**
صنف	:	تحقیق
ناشر	:	تعمیر پبلی کیشنز (حیدرآباد، انڈیا)
سالِ اشاعت	:	۲۰۲۵ء
صفحات	:	۱۰۶
سرورق ڈیزائن	:	تعمیر ویب ڈیزائن

رفیقِ حیات :

زرّین تاج خانم بی اے ، بی ایڈ ،

متاعِ حیات :

فرزندان

میر اسلم علی بی ای ؛

میر آصف علی الکٹرانک ڈپلوما

میر ارشد علی (ایم بی بی ایس) ؛

دختران

روح افزا روحی

گل افزا گلّو

کے نام

معنون کرتا ہوں ۔

●

تاثرات	راز امتیاز
عرضِ کاوش	اکرام کاوش
پیشِ لفظ	پروفیسر محمد عبد القادر
نقشِ آخر	علیم صبا نویدی

●

فہرست

● یہ سچ ہے کہ انسان تاریخ بناتا ہے لیکن تاریخ کی ایک سچائی یہ بھی ہے کہ کبھی کبھی خود تاریخ انسانوں کو بناتی ہے۔ اپنی تاریخ کا احساس زندہ قوموں کی ایک بڑی علامت ہے اور تاریخ کی روشنی میں راستے تلاش کرنے والا معاشرہ تاریک ترین راہوں سے بھی سلامتی کے ساتھ گزر سکتا ہے۔ تاریخ صرف جنگوں کی نہیں تہذیب، ثقافت، فن اور ادب کی بھی ہوتی ہے اور دراصل انسانی وراثت کی متاع کے اہم ترین اجزاء بھی یہی ہیں۔

کرناٹک ہی نہیں پورے جنوب کی اور دیکھا جائے تو پورے ہندوستانی مسلمانوں کی تاریخ کا ایک روشن باب سری رنگ پٹن سے وابستہ ہے جو حضرت سلطان شہیدؒ کے نام نامی سے معنون ہے۔ دیارِ ٹیپو اجڑا تو میسور آباد ہوا، اور ایک ناقابلِ فراموش ماضی اور ایک ناقابلِ فہم حال کے درمیان اس شہر نے اپنی روایتوں کو جنم دیا۔ اکرام کاوش کا عظیم کارنامہ یہ ہے کہ پہلی بار انہوں نے اُن روایتوں کا سراغ لگانے، ان کی شناخت کرنے اور اُن کے افہام و تفہیم کی اپنے طور پر ایک بے حد قابلِ قدر کاوش کی۔ اکرام کاوش نے میسور کے مسلم معاشرے کی تہذیبی، ثقافتی، علمی اور ادبی، ملکی اور ملّی روایتوں کو ہماری قابلِ فخر تاریخ کا ایک انمول حصہ بنانے میں کوئی کسر اٹھا نہیں رکھی۔ ان کی پہلی تصنیف "داستانِ میسور" ان کے اس کارنامہ کا نقشِ اول تھا۔ "اذکارِ میسور" دوسرا نقش ہے۔

مجھے امید ہے کہ ان تابناک نقوش کی کرنیں نہ صرف دلوں کو گرمائیں گی بلکہ روح کو روشنی بھی بخشیں گی۔ ●

راز امتیاز

عرضِ کاوش

'داستانِ میسور' کے بعد 'اذکارِ میسور' میری دوسری تصنیف ہے جس میں میسور کے مسلم معاشرے کے ماضی وحال کے ادبی، دینی، ثقافتی، ملکی و ملی فعال خدمات قلمبند کئے گئے ہیں۔ جن کے مطالعے سے امید ہے کہ آئندہ نسلوں کو یہاں کے مسلمانوں کے تشخص، میسور میں ان کے ابتدائی دوَر اور ان کی بتدریج ارتقا کو جاننے سمجھنے اور پہچاننے میں آسانی ہوگی۔ اس طرح یہاں کے مسلم معاشرے اور عہدِ رفتہ کے بزرگوں کے قابلِ قدر، وقیع وعظیم کارناموں کی یادیں ہمیشہ سرسبز تروتازہ رہیں گی۔

اس کتاب کی اشاعت میں مَیں نے اپنی مقدور بھر سعی وکوشش سے وہ سبھی معلومات یکجا کردئے ہیں جن کو میں نے مختلف مخطوطات، دستاویزات اور مطبوعات میں پڑھا ہے۔ اور ساتھ ہی ساتھ وہ تمام واقعات بھی جن کو میں نے یہاں کے ذی علم بزرگوں و دانش وروں سے سُنا ہے لکھ دیا ہے۔ مجھے امید ہے کہ ناظرین بالخصوص اردوداں طبقہ میری اس تصنیف کو شرفِ قبولیت بخشے گا۔

آخر میں استاذی پروفیسر ایم اے قادر صاحب مدظلہٗ العالی سابق صدر شعبۂ اردو سینٹ فلومینا کالج، میسور اور جناب راز امتیاز صاحب مدظلہٗ العالی اگزی کیٹو ایڈیٹر روزنامہ 'سالار' بنگلور، حضرت محمد شریف برکاتی آمبور، جنھوں نے 'اذکارِ میسور' کی کتابت کی ذمہ داری قبول کی اور میرے دیرینہ کرم فرما جناب علیم صبا نویدی کا جنھوں نے اس کتاب کو زیورِ طباعت سے آراستہ کیا، میں ان تمام پُرخلوص احباب کا صمیمِ قلب سے ممنون ہوں کہ جنھوں نے مجھ ناچیز کی درخواست پر اپنے بیش بہا تاثرات اور بہترین جذبات سے 'اذکارِ میسور' کی اہمیت کو بلند سے بلند تر کردیا۔

اکرام کاوش

پیشِ لفظ

اکرام کاوش صاحب ایک اچھے شاعر ہونے کے ساتھ ساتھ ایک اچھے نثر نگار بھی ہیں۔ آپ کا تخلص کاوش ہے اور یہ تخلص اسم بامسمّٰی ہے۔ آپ کی پہلی تصنیف "داستانِ میسور" اور دوسری تصنیف "اذکارِ میسور" ہے۔ ان دونوں تصانیف میں آپ نے بڑی کاوش سے میسور مسلم معاشرے کے متعلق تاریخی مواد فراہم کیا ہے اور اسے ایک ایسے اچھے و منفرد سلیقہ کے ساتھ شہرِ میسور کے باشندوں کے سامنے پیش کیا ہے۔ جسے آنے والی نسلیں بڑی قدر کی نگاہوں سے دیکھیں گی۔ ؎

گاہے گاہے باز خواں ایں قصۂ پارینہ را
تازہ خواہی داشتن گرداغ ہائے سینہ را

میسور کا ٹریننگ کالج جس میں فارسی، عربی اور اردو کے جید علماء تھے اور جس کے محصلین آج بھی ملک کے طول و عرض میں پھیلے ہوئے ہیں اپنی مثال آپ تھا۔ اس کو آج بس اسٹانڈ میں تبدیل کردیا گیا ہے، اس کو دیکھ کر جی چاہتا ہے کہ سجدے کریں ایس خاکِ درس گاہ پر۔

نواب حیدر علی خان بہادر اور ٹیپو سلطان شہید کی حکومت کے قیام اور اس کے بے مثال کارناموں کی وجہ سے دکن کی سرزمین میں میسور کا ایک خاص مقام ہے ان مٹتے ہوئے نشانوں کو اکرام کاوش صاحب نے اپنے قلم سے زندہ جاوید کردیا ہے۔ درحقیقت یہ کتاب "اذکارِ میسور" میسور میں مسلمانوں کے ماضی اور حال کی تعلیمی ثقافتی، سماجی اور حالتوں کا ایک مرقع ہے۔

اکرام کاوش صاحب نے شہرِ میسور کے بہت سے اہم اداروں اور اُن کے بارے میں صرف تفصیلات ہی فراہم نہیں کی ہیں بلکہ ان کی مزید اصلاح

کے لئے مفید مشورے بھی ہیں دئے ہیں۔ مثلاً اورئنٹل ریسرچ انسٹی ٹیوٹ میں عربی، فارسی اور اردو کے مخطوطات کا ذکر کرتے ہوئے ان نایاب و نادر مخطوطات پر تحقیق و اشاعت پر کام کرنے کے لیے ایک قابل نگراں کار کی اشد ضرورت کی طرف بھی ارباب حل وعقد کی توجہ دلائی ہے۔ اسی طرح باب "میسور کے چند اوقاف" اور "ٹیپو سلطانؒ وقف ایسٹیٹ" میں بھی جگہ جگہ ارباب حل وعقد کی توجہ دلائی ہے۔

ولنگٹن لاڈج میسور کی ایک تاریخی عمارت ہے جسے سلطانؒ کی شہادت کے فوراً بعد انگریزی فوج کے افسر اعلیٰ ولزلی کے قیام کے لیے تعمیر کیا تھا۔ اس عمارت میں ایک مدت تک ایک اردو مدرسہ تھا جسے اے۔ ایچ پی اسکول اور بعد میں پراکٹسنگ اسکول کا نام دیا گیا۔ جس میں پہلی جماعت سے لے کر آٹھویں جماعت تک انگریزی اور اردو زبانوں میں تعلیم دی جاتی تھی۔ مرحوم محمد دستگیر صاحب المعروف بہ عینک دستگیر صاحب جو اردو، فارسی اور انگریزی کے ایک جید عالم تھے ایک مدت تک اس کے ہڈ ماسٹر رہے ان کے علاوہ قابل اساتذہ مثلاً مرحوم سید ابراہیم صاحب، مرحوم عبدالجلیل صاحب، مرحوم غوث شریف صاحب، مرحوم غلام محمد صاحب، مرحوم محمد یوسف صاحب بھی اس مدرسے کے اسٹاف میں شامل رہے۔ جناب ایچ۔ عبدالغفور صاحب بھی کچھ مدت تک اس کے ہڈ ماسٹر رہے۔ شہر میسور کے مسلمانوں کی ایک کثیر تعداد اس مدرسہ کی تعلیم یافتہ ہے۔

ایک مدت تک ربیع الاول کی بارہویں شریف کو یہاں ہر سال ایک اعلیٰ پیمانے پر میلاد النبیؐ کا جشن منایا جاتا تھا اور شہر کے ممتاز اور تعلیم یافتہ طبقہ کو مدعو کیا جاتا تھا۔ اس مدرسہ کے قدیم طلبا بھی جشن میں بڑی دل چسپی لیتے اور دل کھول کر چندہ دیتے تھے۔ اردو اور انگریزی میں سیرتِ رسولؐ پر مضامین پڑھے جاتے تھے اور تقریریں ہوتی تھیں۔ اس نوعیت کا جلسہ شہر بھر میں اپنی مثال آپ تھا۔ جلسے کے بعد حاضرین کی ماکولات و مشروبات سے تواضع ہوتی تھی۔ میلاد النبیؐ کے جلسوں

کا یہ سلسلہ کوئی دس پندرہ سال تک جاری رہا اور اس کے بعد بند ہوگیا۔ لیکن اس کی یاد اب تک لوگوں کے دلوں میں تازہ ہے۔ آج یہ تقریباً دو سو سال پرانی عمارت بہت بوسیدہ ہوگئی ہے اور خالی کردی گئی ہے۔ اور حکومت کی جانب سے اس کے انہدام کے احکامات صادر ہو چکے ہیں۔ اس تاریخی عمارت کا ذکر بھی اس کتاب "اذکارِ میسور" میں محفوظ ہوگیا ہے۔

ماضی کا رشتہ حال سے جوڑنا اور کمی بیشی کی طرف نشان دہی کرنا بڑی عرق ریزی کا کام ہے اور اسے اکرام کاوش نے بڑی خوبی سے انجام دیا ہے۔

محمد عبدالقادر
سابق صدر شعبۂ اردو
سینٹ فلومیناز کالج۔ میسور

13

میسور میں عربی و فارسی کا ارتقاء

سلطنتِ خداداد کے دور میں جو عربی اور فارسی کے علماء، فضلا، شعراء و ادبا سری رنگ پٹن میں مقیم ہو گئے تھے، اُن میں سے چند سری رنگ پٹن کی تباہی کے بعد میسور آ کر آباد ہو گئے اور چندے توقف کے بعد اپنے قلمی مشاغل کو جاری رکھا اور اپنی مساعی سے مبادیات عربی و فارسی کے مکاتب جاری کئے اور کچھ ادیبوں اور شعرا حضرات نے تصنیف و تالیف کے کام کو آگے بڑھایا۔ نیز عربی اور فارسی طرحوں پر مشاعروں کا انعقاد کیا۔ چوں کہ ہا شما فارسی آشنا تھے اس لیے یہاں ایک عرصہ دراز تک قاضیوں کے عدالتی فیصلے اور مفتیوں کے فتادے، فارسی زبان میں تحریر ہوتے تھے۔ جن کے فوٹو عکس ہمارے پاس محفوظ ہیں۔ اس طرح ماضی میں شہرِ میسور عربی و فارسی کا ایک اہم مرکز رہا ہے اور اس کا مزید ثبوت یہاں کی قدیم عمارتوں، قدیم مسجدوں اور مقبروں پر جو کتبے کندہ ہیں وہ فارسی ہی میں ہیں۔

سلطانؒ کی شہادت کے بعد میسور میں وڈیر راج کا قیام ہوا تو اس کی حکومتی و دفتری زبان بھی فارسی ہی قرار دی گئی اور حکومت کے سارے مراسلات فارسی ہی میں ہونے لگی۔ گورنر جنرل کے دفتر سے لے کر رزیڈنٹ اور راج دربار کے تمام دفتری کاروبار فارسی ہی میں ہوا کرتے تھے۔ اوران کے کارکنان فارسی دان ہوتے تھے۔ چناں چہ جو مراسلات گورنر جنرل، راج دربار اور رزیڈنٹ کے مابین ہوتے تھے وہ ودھان سدھا بنگلور کے آکیوز میں محفوظ ہیں۔

رزیڈنٹ کے دربار کا عملہ لمبا چوڑا تھا، جس میں کئی منشی مامور تھے۔ مرزا زین العابدین عابدؔ اس دفتر کے میر منشی تھے۔ آپ فارسی نژاد تھے اور عربی، فارسی اور اردو کے بہترین انشار پرداز اور شاعر تھے۔ آپ کا فارسی اور اردو کلام و مراسلات او۔ آر۔ آئی میسور میں محفوظ ہیں۔ میسور میں آپ کا خانگی مدرسہ تھا، جہاں آپ

طلبہ کو فارسی پڑھایا کرتے تھے۔ آپ کے شاگردوں میں نمایاں نام آپ کے فرزندِ خورد آغا مرزا غلام مہدی المتخلص مہدی تھے۔ آپ راقم الحروف کی والدہ وزیر النساء مرحومہ کے حقیقی نانا تھے۔ آپ بھی اپنے والد کی طرح عربی، فارسی اور اردو کے انشاء پرداز اور شاعر تھے۔ آپ کا فارسی کلام بنام "خلاصۂ فصاحت" ہمارے پاس محفوظ ہے۔ آپ کے لکھے فارسی وار دو مراثی نوحے وغیرہ آج بھی پڑھے جاتے ہیں۔ عابد منشی کے دوسرے نامی شاگرد ان کے نواسے راقم الحروف کے حقیقی پڑدادا میر رضا علی المتخلص رضا تھے۔ آپ بھی اپنے دور میں عربی و فارسی اور اردو کے ایک نامی گرامی شاعر و انشاء پرداز تھے۔ آپ کا فارسی کلام اور نثر بنام "زادالصالحین" ہمارے پاس محفوظ ہے۔ آپ کے لکھے فارسی اور اردو مراثی، نوحے، قصائد و سبیل وغیرہ آج بھی پڑھے جاتے ہیں۔

منشی غلام حسین عاصی تخلص کرتے تھے۔ آپ اردو کے علاوہ فارسی میں بھی معیاری شعر کہتے تھے۔ آپ نے فارسی میں تین معرکہ آرا کتابیں لکھیں۔

۱۔ "کتابِ استیفار" یہ کتاب آپ کی شاہ کار کتاب ہے اور اس کی بڑی تاریخی اہمیت اور قدر و قیمت ہے۔ اس کتاب میں آپ نے ٹیپو سلطان شہیدؒ کے یہاں میر منشی تھے۔ اس کتاب کا واحد نسخہ جامعہ میسور کے او۔ آر۔ ائی میں محفوظ ہے۔ اس کتاب میں منشی صاحب نے نظم و نثر دونوں سے کام لیا ہے۔ آپ کی دوسری کتاب "تکمیل الصرف" ہے۔ یہ فارسی قواعد پر نہایت مستند اور مبسوط کتاب ہے۔ اس کتاب میں منشی صاحب نے اتنی موشگافی کی ہے جس کے قائل اہلِ زبان ایرانی بھی تھے۔ اس کتاب کا اصل نسخہ بھی او۔ آر۔ آئی میں محفوظ ہے۔ آپ کی تیسری کتاب "رسائلِ نجوم" ہے۔ جو علمِ نجوم پر منظوم رسائل ہیں۔ منشی صاحب عربی اور فارسی کے بلند پایہ ادیب تھے۔ اور فارسی پر آپ کو بڑی قدرت حاصل تھی علمِ نجوم میں بھی آپ کو بڑی مہارت حاصل تھی۔ چناں چہ مہاراجہ میسور کے ایماء پر آپ نے میسور میں اولین رسد گاہ بنائی جو اِن دنوں جگن موہن محل میں موجود ہے۔

اسی طرح مولانا میر حیات جو منشی غلام حسین عاصی کے داماد تھے، اردو میں عقائد و فقہ میں پچاس رسالے لکھے اور فارسی میں تصوّف پر دو رسالے لکھے جو او۔ آر۔ آئی میسور میں موجود ہیں۔ آپ فارسی کے بھی ایک اچھے شاعر تھے۔ چناں چہ "شمعِ محفل" نامی تالیف میں اکابر شعراء کے اشعار کے ساتھ آپ کے اشعار بھی شامل ہیں۔ مولانا میر حیات جیّد عالم و فاضل تھے اور آپ کو عربی و فارسی اور دینی علوم میں کمال حاصل تھا۔ میسور میں آپ کا خانگی مدرسہ تھا جہاں آپ طلباء کو عربی اور فارسی پڑھاتے اور خطاطی سکھاتے تھے۔ اس طرح میسور میں منشی عابد، منشی غلام حسین عاصی اور مولانا میر حیات کے خانگی مدرسوں سے عربی اور فارسی تعلیم و تدریس کا آغاز ہوا اور یہ سلسلہ کم و بیش نصف صدی تک چلتا رہا۔

میسور میں 1805ء میں پہلی مرتبہ عدالت قائم ہوئی تو محمد علی خانہ زاد کے فرزند محمد محی الدین علی خان پھر نواب باقر علی خان اور قاضی سید علی اس کے صدر الصدور مامور ہوئے اور مذکورہ حضرات عدالت میں مقدمات کے فیصلے فارسی میں لکھتے تھے۔ اور اس عدالت کی مہر بھی فارسی میں یوں تھی "عدالت سمستان مہسور" قاضی سیّد علی ٹیپو سلطان شہیدؒ کے عہد میں سری رنگ پٹن کے ایک قاضی تھے سلطان شہیدؒ نے تین علماء کی ادارت میں فارسی میں فقہ کی ایک کتاب لکھوائی تھی جس کا نام "فقہ محمّدی" ہے اور اس کا ایک نسخہ میسور او۔ آر۔ آئی میں محفوظ ہے۔ ان علماء میں قاضی سید علی بھی شامل تھے۔ میسور میں قیام کے بعد آپ کو چار ضلعوں کا سر قاضی مقرر کیا گیا تھا اور آپ اس علاقہ کے سرکاری قاضیوں کے نام احکام فارسی ہی میں نافذ کرتے تھے۔ آپ کا دفتر جامع مسجد سے ملحق تھا۔ آپ کے فتاویٰ بھی فارسی ہی میں ہوتے تھے آپ ایک طویل مدت تک عدالت کے صدر الصدور اور سر قاضی رہے۔ مہاراجہ نے آپ کو جاگیر اور انعام و اکرام سے نوازا تھا۔

1831ء میں جب کہ مہاراجہ کرشنا راج وڈیر سوم کو بدانتظامی کی بنا پر معزول کر دیا گیا اور انگریزوں کی حکومت ریاست میں قائم ہوگئی اور اس دور میں

15

ریاست بھر میں فارسی کا بڑا چرچا رہا۔ دستاویزی کاغذات پر فارسی میں حکومت مہاراجہ "طبع ہوتا تھا۔ سکّوں پر" ضربِ مہسور "کندہ ہوتا تھا۔ توپیں جو سرکاری کارخانے میں تیار ہوتی تھیں ان پر صرف فارسی میں یہ عبارت کندہ ہوتی تھی۔

"شش رطلی

ساخت کارخانہ مہسور علاقہ بارگھیری حضور ۱۲۲۶ھ سنہ یک ہزار

دوصد و بیست و شش ہجری۔"

مہاراجہ صاحب کو فارسی کا بڑا ذوق تھا مولوی محمد خان صاحب مرحوم نے لکھا ہے کہ سدرالصدور محمد محی الدین علی خان کی فرمائش پر اُن کے بھتیجے محمد بہاؤ الدین خرم نے مہاراجہ کشن راج وڈیر کے مطالعے کے لیے ۱۸۲۹ء سنہ میں سات سال محنت کر کے شاہنامۂ فردوسی کا خلاصہ "جدول خلاصۂ شاہنامہ" کے نام سے تیار کیا جو تاریخ ادبیاتِ فارسی میں ایک نادر اور گراں قدر اضافہ تھا۔ اس زمانے سے لے کر موجودہ صدی کے اوائل تک راج محل سے جو دعوت نامے فرامین وغیرہ جاری ہوتے تھے وہ اگرچہ کنڑی میں ہوتے لیکن ان کی پیشانی پر اورنگ زیب کی دی ہوئی فارسی مہر ثبت ہوتی تھی جس پہ "راجہ جیکہ یوراج بہادر" کندہ تھا۔

۱۸۳۱ء سنہ ریاست میسور میں انگریزی حکومت قائم تھی اور پچاس سال تک قائم رہی تو سرکار و دربار میں فارسی کی جگہ بتدریج انگریزی نے لے لی اور فارسی سرکار و دربار سے نکل کر سماج میں عام ہوگئی۔ اسکول اور کالج جاری ہوئے تو اردو، فارسی اور عربی باقاعدہ طور پر نصابِ درس میں داخل ہوئیں اور ان کی تعلیم و تدریس کے لیے منشی اور مولوی حضرات مامور ہوئے۔ خانگی مدرسوں میں فارسی تعلیم کا سلسلہ پھیلا۔ سعدی کی گلستان، بوستان کے درس کا دور دورا شروع ہوا۔ شعرا فارسی میں طبع آزمائی کرنے لگے۔ اردو کے اولین صاحبِ دیوان شاعر نسیم میسوری نے فارسی میں بھی بہت اچھا کہا جو محفوظ ہے۔ آپ نے ۱۸۵۵ء سنہ میں پہلی مرتبہ اردو مشاعرہ کا انعقاد کیا اور آپ کے مشاعروں کا سلسلہ میسور

17

کے علاوہ سری رنگ پٹن اور بنگلور میں بھی آپ کے حینِ حیات جاری رہا۔ مفتی غلام محی الدین عازم نے چند سال بعد 1873ء میں نعتیہ مشاعرے کا آغاز کیا جس کا نام "مشاعرِ بہشت" رکھا گیا۔ ان مشاعروں میں پڑھا جانے والا کلام گلدستوں کی صورت میں شائع ہوتا رہا۔ یہ مشاعرے 1907ء تک ہوتے رہے۔ یہ طرحی مشاعرے ہوتے تھے۔ ان میں اردو کے علاوہ فارسی اور عربی طرحیں بھی ہوتی تھیں۔ جن پر متعدد شعرا طبع آزمائی کرتے تھے۔ یہ اردو، عربی اور فارسی مشاعرے پچاس سال سے زیادہ مدّت تک میسور میں ہوتے رہے۔ اسی دور میں حکیم مرزا علی نقی (راقم الحروف کے حقیقی نانا) جو ایک طبیب حاذق تھے، دو رسالے فارسی میں لکھے "رسالۂ نبض" منظوم جو اپنی نوع کا ایک منفرد رسالہ ہے، جس میں نبض کے متعلق طبّی نقطۂ نظر سے معلومات فراہم کی گئی ہیں۔ دوسرا "رسالۂ تجوید" فارسی نثر جس میں قرأت اور علمِ تجوید پر بحث کی گئی ہے۔ یہ دونوں رسالے میسور او۔ آر۔ آئی میں محفوظ ہیں۔ نسیم میسوری کے بعد کے دور میں مولوی عبدالرحمٰن المتخلص بہ رضوان اردو کے ساتھ ساتھ فارسی کے بھی اچھے شاعر تھے۔ آپ کا نعتیہ کلام بنام 'کلامِ رضوان'' شائع ہو چکا ہے۔

1881ء میں انگریزی حکومت ختم ہوئی اور مہاراجہ کو پھر سے تخت نشین کیا گیا تو پھر سے اردو فارسی اور عربی کے گلشن میں ایک نئی بہار آئی۔ ریاست میں اردو کا بول بالا ہوا تو فارسی تہذیبی زبان کی حیثیت سے اور عربی دینی زبان کی حیثیت سے ترقی کرنے لگیں۔ ہندوستان کی آزادی اور اس کے بعد لسانی صوبوں کی تشکیل تک یہاں تین وڈیر مہاراجہ حکم رانی کرتے رہے۔ اور ان تینوں وڈیر مہاراجگان نے اردو، فارسی اور عربی زبانوں سے مربیانہ سلوک کیا۔ اس دور میں جب سال دو سال میں ایک مرتبہ انگریز گورنر جنرل میسور آتا تو مہاراجہ شاہی جلوس میں اسے محل تک لاتے۔ راستے میں میونسپل پنڈال میں شہریوں کی طرف سے اس کا استقبال کیا جاتا تھا اور اس موقع پر انگریزی کے علاوہ فارسی میں بھی ایک سپاس نامہ پیش کیا جاتا تھا

18

۱۹۰۰ء میں اساتذہ کے لیے ٹریننگ کالج میں مولوی اور منشی کورس جاری ہوئے تو مولوی کورس میں عربی ہوتی تھی اور منشی کورس میں فارسی۔ گویا یہ عربی اور فارسی کے باقاعدہ اور مستند کورس تھے جو میسور میں جاری ہوئے اور یہاں عربی اور فارسی کو پڑھانے کے لیے جید علماء کو بلا کر مامور کیا گیا۔ جن میں نمایاں نام مولانا میر حیات روحی قادری، میر محمود، صوفی احمد علی، مولانا سکندر الدین، مولوی مظہر حسن خان، مولانا ایوب حسن فاروقی، مولوی عبد السلام، سلیم ہزاروی، مولانا شاہ ابوالحسن ادیب، ایرانی مجتہد مولانا محلاتی وغیرہ کو مامور کیا گیا۔ ان کورسوں کے فارغ التحصیل مولوی اور منشی ریاست بھر کے کالجوں اور اسکولوں میں اردو، فارسی اور عربی ثانوی اور اختیاری زبانوں کی حیثیت سے بڑے ذوق وشوق سے پڑھاتے تھے۔

مولانا سید شہاب الدین اس دور کے جید عالم صوفی اور ادیب تھے جو میسور میں گزرے ہیں۔ آپ کے شاگرد بھی علم وفضل میں کمال حاصل کیا۔ آپ کے شاگردوں میں نمایاں نام مولانا سید درویش پیر قادری، مولانا میر محمود ہیں۔ آپ کو فارسی پر بڑی قدرت حاصل تھی۔ آپ کی تصنیف "توحیدِ اربعہ" میسور کی ایک نامی گرامی تصنیف ہے۔ کہتے ہیں کہ ایک مرتبہ لارڈ کرزن گورنر جنرل مہاراجہ میسور کی معیت میں ٹیپو سلطان شہیدؒ کے مقبرہ پر گئے تو مولانا سید شہاب الدین صاحب نے بڑا فصیح وبلیغ سپاس نامہ فارسی میں پیش کیا اور لارڈ کرزن سے فارسی میں خوب گفتگو کی۔ لارڈ کرزن فارسی خوب جانتے تھے، تو مہاراجہ صاحب آپ کی علمیت سے اس قدر متاثر ہوئے کہ دربار میں آپ کو طلب کر کے سراج العلماء کا خطاب عطا کیا اور انعام واکرام سے نوازا۔

میسور میں پہلے پہل ڈگری کالج کھلا تو وہ ابتداءً میں مدراس یونی ورسٹی سے ملحق تھا۔ ۱۹۱۶ء میں میسور یونی ورسٹی قائم ہوئی تو اس میں عربی وفارسی اور اردو کا باقاعدہ شعبہ قائم کیا گیا۔ ازاں بعد ۱۹۲۰ء میں یہاں فارسی یم اے کورس شروع کیا گیا جس کے چار سال بعد فارسی آنرز کا اجرا ہوا۔ فارسی کے ان کورسوں میں

۱۹

عربی کا ایک پرچہ لازمی قرار دیا گیا اور یہ سلسلہ 1960ء تک چلتا رہا۔ آغا محمد عباس شوستری صاحب جیسے دانش ور فارسی کے پروفیسر اور صدر شعبۂ اردو فارسی اور عربی مامور ہوئے۔ اس شعبے میں منشی سلطان محمود خان صاحب سلطان مولانا میر محمود، مولانا ابوالمظفر میر محمد حسین، مولانا محمود پاشاہ، مولوی عبداللطیف خان، وغیرہ شوستری کے ساتھ عربی اور فارسی کی تعلیم پر مامور تھے۔

مذکورہ حضرات کے بعد یہاں کے فارغ التحصیل فارسی ایم اے گریجویٹوں نے یہ ذمہ داری سنبھالی۔ جن میں ڈاکٹر خضر علی خان، پروفیسر ایچ آر عبدالمجید، ایچ ایم جلال الدین فارسی پڑھانے کے لیے ایک ایرانی مجتہد مولانا مرزا مہدی پوپا مرحوم، غلام حیدر، سراج الحسن، میر محمود حسین، حنیف کلیم مرحومین کے نام نمایاں ہیں۔ پروفیسر شوستری نے یہاں کے دورانِ قیام میں فارسی میں دو کتابیں لکھیں جو یہاں چھپوائی گئیں۔ ایک "داستانِ کرشنا" جو بھگوت گیتا کا خلاصہ ہے اور دوسری " محامد خاتم النبیین " جو سیرتِ طیبہ پر ہے۔ یہ دونوں کتابیں جدید ایرانی فارسی میں لکھی گئی ہیں۔ ڈاکٹر خضر علی خان مرحوم نے ایم اے فارسی امتیاز کے ساتھ پاس کیا اور ریسرچ میں بھی کامیاب ہوئے تو جامعۂ میسور نے آپ کو اسکالرشپ دے کر تین سال کے لیے کیمبرج یونی ورسٹی، انگلستان بھیجا جہاں انھوں نے مشہور مستشرق پروفیسر نکلسن کی زیرِ نگرانی مولانا روم کی " فیہ ما فیہ " کو ایڈٹ کیا اور ڈاکٹریٹ حاصل کی۔ واپسی کے بعد یہاں کے پروفیسر رہے۔

مولانا عبدالسلام سلیم ہزاروی اور مولانا شاہ ابوالحسن ادیب اس دور کے دانش ور اور شاعر گزرے ہیں۔ دونوں حضرات ٹریننگ کالج کے مولوی شعبے میں درس دیتے تھے۔ مولانا عبدالسلام صاحب کو عربی اور فارسی دونوں زبانوں پر عبور تھا۔ فصیح عربی بولتے لکھتے اور گھنٹوں تقریر کرتے تھے۔ فارسی اور عربی میں شعر کہتے تھے۔ آپ کا مطبوعہ کلام " نسیمِ سلیم " شائع ہو چکا ہے۔ مولانا شاہ ابوالحسن صاحب بڑے قادر الکلام اور بلند پایہ اردو و فارسی کے شاعر تھے۔ آپ بہت

زودگو، پرگو تھے۔ آپ نے فارسی میں چند مثنویاں لکھ کر شائع کرائیں۔ مہاراجہ صاحب کی صحت یابی پر ایک طویل ناصحانہ فارسی مثنوی "ہوش نامہ" لکھ کر پیش کیا۔ اور دیوانِ ریاست سر مرزا اسمٰعیل کی یورپ سے واپسی پر ڈھائی سو ابیات کا ایک معرکہ آرا فارسی قصیدہ خاقانی کی زمین میں بنام "دریائے نور" لکھ کر پیش کیا۔ یہ قصیدہ بڑا لاجواب ہے اور مولانا نے اس میں اپنے فن کا بہت خوب مظاہرہ کیا ہے۔

جامعۂ میسور میں فارسی آنرز اور ایم اے کا سلسلہ اب ختم ہو چکا ہے کیوں کہ اب نہ وہاں پڑھنے والے ہیں اور نہ پڑھانے والے۔ البتہ اردو ایم اے کورس میں ایک پرچہ فارسی کا اور ایک پرچہ عربی کا لازمی رکھا گیا ہے۔ اس کے علاوہ ادارۂ "انسٹی ٹیوٹ آف مڈل ایسٹرن سٹڈیز" کے نام سے ایک شعبہ جاری ہے جہاں کے ایم اے کورس میں فارسی کے تین اور عربی کے تین پرچے مقرر ہیں۔ ٹریننگ کالج میں ہنوز منشی کورس کا سلسلہ جاری ہے جو چار سالہ کورس ہے۔ جس میں اردو کے پندرہ پرچوں کے ساتھ فارسی کے سات اور عربی کے سات پرچے ہیں۔

میسور میں فارسی کتبوں کا عام رواج زمانۂ قدیم سے چلا آیا ہے۔ مسجدِ میمنان، مسجدِ اعظم، مسجدِ نواب صاحب، مسجدِ باڈی گارڈ، یتیم خانۂ اطفال اور متعدد قبروں کے کتبے فارسی میں ہیں۔ مسجدِ جعفری کا کتبہ عربی اور فارسی دونوں زبانوں میں ہے۔ نئی مسجدِ بلال کے کتبے عربی میں ہیں۔ سلور جوبلی گھنٹہ گھر اور مسجدِ حیات صاحب کے کتبے اردو میں ہیں۔ ماضیٔ قریب تک راج دربار سے ہندوؤں کو خطابات سنسکرت اور کنڑی کے دئے جاتے تھے۔ تو مسلمان عمائدین کو فارسی اور عربی خطابات سے نوازا جاتا تھا جیسے امین الملک، مشیر الملک، عدل الملک کلیم الملک، رکن الملک، صادق الملک، جوہر مجلس، سراج العلماء وغیرہ۔

پروفیسر شوشتری اور مولانا شاہ ابوالحسن ادیب نے فارسی تصانیف شائع کیں تو مولانا حافظ عبدالستار صاحب نے ایک عربی آموز کتاب

21

"اسباق صدیقی" کے نام سے شائع کی۔ موجودہ صدی کے آغاز میں صوفی احمد علی نے چند فارسی آموز رسالے نولکشور پریس لکھنؤ سے شائع کروائے۔ چکدیوراج وڈیر مہاراجہ کے زمانے میں ریاست میسور بلکہ کرناٹک کی زبان کنڑی پر فارسی کا بہت گہرا اثر پڑا ہے۔

22

اورینٹل ریسرچ انسٹی ٹیوٹ (او۔آر۔آئی) میسور

اردو، فارسی اور عربی مخطوطات کا انمول ذخیرہ

اورینٹل ریسرچ انسٹی ٹیوٹ (او۔آر۔آئی) میسور یونی ورسٹی کا مشہور و معروف مخطوطاتی ادارہ ہے۔ بنیادی طور پر اس کو سنسکرتی نوادرات کا لیے آنجہانی مہاراجہ چامراج وڈیر بہادر نے 1887ء میں ملکہ وکٹوریہ کی جوبلی کے موقعہ پر قائم کیا تھا۔ اس کی عمارت جس علاقہ میں تعمیر کی گئی ہے اس کا قدیم نام پرنس آف ویلز پارک تھا عمارت ہندوستانی اور انگریزی طرزِ تعمیر کا بہترین نمونہ ہے۔ جس کے ایک طرف مہاراجا کالج دوسری طرف یونی ورسٹی کا دفتر ہے۔ اس قیمتی علمی ادارے کے مخطوطات سے مستفیض ہونے کے لیے مقامی اسکالرس کے علاوہ ہندوستان بھر کے مختلف یونی ورسٹیوں کے ریسرچ اسکالرس گاہ بہ گاہ آتے رہتے ہیں۔

اس ادارہ میں خاص طور پر سنسکرت کے مخطوطات ومطبوعات بہ کثرت موجود ہیں۔ جن میں اکثر نسخے تاڑ کے پتوں پر لکھے ہوئے ہیں۔ اگلے وقتوں میں تاڑ کے پتوں پر لکھنے کا رواج ہندوستان میں عام تھا۔ چند مخطوطات تو ایسے نادر و نایاب ہیں کہ ایک پتے پر پانچ ہزار سے زیادہ حروف لکھے گئے ہیں۔ پتوں پر لکھے گئے نسخے کاغذی نسخوں سے زیادہ مضبوط اور پائیدار ہونے کے علاوہ اس پر لکھے گئے حروف نہ مٹتے ہیں اور نہ محو ہوتے ہیں۔

ڈاکٹر ہمپا صاحب پوہیم یو کی دورِ وائس چانسلری میں ڈاکٹر خضر علی خان مرحوم اور استاذی پروفیسر میر محمود حسین صاحب نے اپنی اپنی دورانِ ملازمت میں ان تھک کوشش و جد وجہد سے اس ادارے میں اردو، فارسی اور عربی کے نادر و نایاب مخطوطات و مطبوعات جمع کرنے کوشش جاری رکھی۔ جس کا ثمر ہے کہ آج اس علمی ادارے میں نو سو چھتیس 936 مخطوطات اور پانچ سو نادر و

23

مطبوعات کے ساتھ مخطوطات کی ایک وضاحتی فہرست بھی موجود ہے۔ ہم نے ڈاکٹر خضر علی خان مرحوم کی زبانی سُنا ہے کہ ڈاکٹر ہیٹّبا صاحب نے آپ سے کہا تھا کہ اگر آپ کی کوششوں سے پانچ ہزار مخطوطات جمع ہو گئے تو اس کا ایک الگ شعبہ ہی قائم کر کے دے دوں گا۔ یہاں کی فہرست سے معلوم ہوتا ہے کہ 1967ء تک اس ادارے میں اردو کے دوسوسترہ 217، فارسی کے پانچسوگیارہ (511) اور عربی کے چھتیس 36 جملہ سات سوچھیاسٹھ 766 نسخے جمع کئے گئے پھر 1970ء میں مزید اردو کے اٹھہتر (78) فارسی کے اٹھیاسی 88 اور عربی کے چار 4 نسخوں کا اضافہ ہوا۔ اس طرح اس ادارے میں آج جملہ نوسوچھتیس 936 مخطوطات جمع کئے گئے ہیں۔ زیادہ تر نسخے ریاستِ میسور عموماً کرناٹک کے ہیں۔ دیگر دیلور اور شمالی ہند کے نوادرات شامل ہیں۔ اکثر نسخے مصنف کے دستِ خاص سے لکھے ہوئے ہیں۔ جن پر تاریخ کتابت کے علاوہ ناقلین کے اسماء اور مقامِ کتابت کے نام بھی درج ہیں۔

نوادرات کے علاوہ میسور میں کتابت کی ہوئی خطّاطی کے نادر نمونوں کا قیمتی ذخیرہ بھی جمع کرایا گیا ہے۔ یہاں ہم ان متعدد مخطوطات میں سے صرف بعض کا تعارف کراتے ہیں۔ جو مشتے نمونہ از خروارے کے مصداق ہے۔

1۔ قدیم ترین نسخوں میں "معراج العاشقین" کا نسخہ ہے جو حضرت خواجہ بندہ نوازؒ سے منسوب ہے۔ یہ ایک دکنی رسائل کا ایک مجلد مجموعہ ہے جس پر تاریخ کتابت کے ساتھ مہریں بھی لگی ہوی ہیں۔ حضرت کے مزید دو مخطوطات بنام "شکار نامہ" اور "رسالۂ تصوّف" موجود ہے۔

2۔ داراشکوہ کا ایک نادر فارسی نسخہ بنام "نکاتِ نادر" نہایت ہی خوب صورت خطِ نستعلیق میں موجود ہے۔ جس میں داراشکوہ اور اس کے گرو لال دیال کے مابین ہوئے فلسفیانہ مکالمات درج ہیں۔ جس کے ایک ورق پر داراشکوہ اور اس کے گرو کی نہایت ہی قیمتی قلمی تصویر بھی بنی ہوئی ہے داراشکوہ کے مزید دو نسخے بنام "سفینۃ الاولیاء" اور "عقیدۂ صوفیہ موجود ہیں۔

3۔ حسین زماں، داروغۂ تاج کا لکھا ہوا فارسی نسخہ بنام "تاج محل" موجود ہے۔ اس نسخے میں تاج محل کی پیمائش اور حسابات مرقوم ہیں۔

4۔ مدراس کے علامہ باقر آگاہ ویلوری بیجاپوری کے "ریاض الجنان" "محبوب القلوب"، "رسالۂ عقائد"، "من ہرن"، "من موہن" نامی نسخے موجود ہیں۔

5۔ اقطابِ ویلور کی فارسی تصانیف موجود ہیں۔

6۔ علمِ طب و ایورویدک پر سکندر عادل شاہ کے عہد کی فارسی تصنیف بنام "طبِ سکندر شاہی" موجود ہے۔

7۔ سید شاہ عبداللطیف محی الدین قادریؒ ویلور کے مخطوطات، فارسی بنام "غایۃ التحقیق" موجود ہے۔

8۔ شاہ ولی اللہ محدث دہلویؒ کے تصانیف بنام "الفوز الکبیر فی اصول التفسیر"، "مقالات الموضیہ" موجود ہیں۔

9۔ "دیوانِ حافظ" کے مختلف ادوار کے نسخے موجود ہیں۔

10۔ عارف رستم آبادی کی تصنیف "حقوق المسلمین" موجود ہے۔

11۔ شاہ عبدالعزیز دہلویؒ کی تصنیف ترجمۂ "سر الشہادتین" ہے۔

12۔ شاہ کمالؒ کے تصانیف "دیوانِ کمال"، "مخزن العرفان"، "چکی نامہ" موجود ہیں۔

عہدِ سلطنتِ خداداد کے کئی نادر و قیمتی نسخے ہیں۔ ان میں سے چند کا ذکر ہدیۂ ناظرین ہے:

1۔ عہدِ سلطانؒ میں علمِ فقہ پر لکھی گئی فارسی کتاب بنام "فقہ محمدیؐ" موجود ہے۔ جسے سلطانؒ کی ایما پر مولوی سید غلام مصطفیٰ، مولوی شیخ احمد اور مولوی سید علی نے لکھا تھا۔ جس کے آخری صفحے پر تاریخ یوں درج ہے۔

"تمام شد فقہ محمدیؐ بتاریخ یازدہم ماہِ جعفری سالِ اساف خطِ قاضی غنی کچہری غلام حسین تحریر یافت"۔

اس کی جلد چرمی ہے۔ جس کے چاروں گوشوں پر آیاتِ قرآنی اور اسماءِ مقدس نہایت خوش خط میں تحریر ہیں۔ اس کتاب کی تحریر سے معلوم ہوتا ہے کہ یہ نسخہ سلطانؒ کی لائبریری کا ہوگا۔

2۔ اسی دَور کا علمِ طب پر لکھا ہوا ایک مجموعہ "بنام "طبِ دراجن" ہے۔ جس کے صفحات پر جابجا ٹیپو سلطان شہیدؒ کی مہریں ثبت ہیں۔

3۔ اسی دَور کا ایک مخطوطہ ایسا بھی موجود ہے جس کے اوراق پر ببری دار آبی نشان بنا ہوا ہے۔ جس سے معلوم ہوتا ہے کہ اس نسخہ کا کاغذ عہدِ سلطانی میں سری رنگ پٹن میں ہی تیار کیا گیا تھا۔

4۔ "سلطان التواریخ" مائیکرو فلم کی صورت میں موجود ہے۔

5۔ دَورِ سلطانی میں لکھی گئی میر عسکری فیاض فطنتؔ کی تصانیف "قادر باری"، "انشائے عسکری"، "انشاءِ جعفر" موجود ہیں۔

6۔ میر محمد علی کے تصانیف" سرورالمومنین"، "عقائدِ حسینی" ہیں۔

7۔ سلطانؒ کے درباری شاعر ملک الشعراء حسن علی عزتؔ کی کتاب "مفرح القلوب" جو سلطانؒ کی ایما پر لکھی گئی تھی موجود ہے۔

8۔ نواب حیدر علی خان بہادر نے حضرت ٹیپو سلطانؒ شہید کے لیے لکھوایا تھا بنام" نوشتہ" موجود ہے۔

9۔ اسی دَور کا لکھا ہوا مخطوطہ بنام "وظائف" جو خطِ ثلث میں زرّین حروف سے مزّین ہے۔

10۔ نواب حیدر علی خان بہادر کے عہد میں لکھی گئی احمد خان شیرانی کی دکنی کتاب "چار کرسی" موجود ہے۔

11۔ منشی مرزا زین العابدین عابدؔ کی مثنوی "نقش مراد" ہے۔

12۔ عبدالمجید داروغۂ گنبدِ سلطانی کی تصنیف "ہفت خوان حیدری" موجود ہے۔

26

وڈیر مہاراجاؤں کے زمانے کے مخطوطات میں سے چند ایک ہدیۂ ناظرین ہیں:

1۔ حضرت میر حیات کی تصنیف "نورالھدایہ"، "شفاعت نامہ"، "زاد النصائح"، "آداب"، "شمعِ محفل" موجود ہیں۔

2۔ میسور میں طب پر لکھی جانے والی کتاب جس کے مصنف میرے حقیقی نانا حکیم مرزا علی نقی مرحوم کا فارسی منظوم رسالہ بنام "رسالۂ نبض" اور علم تجوید پر لکھا ہوا فارسی رسالہ "تجوید" موجود ہے۔ (ان دونوں کی نقلیں میرے پاس محفوظ ہیں)۔

3۔ محمد باقر مہکری، محمد سعید مہکری، غلام محی الدین مہکری کے نظم اور دیوان موجود ہیں۔

4۔ میسور کے صوفی شاعر فقیر محی الدین منفبل شاہ کا اردو کلام موجود ہے

5۔ متعدد نسخے بصورتِ مائیکروفلم موجود ہیں۔ میں نے یہاں صرف چند ایک تصانیف کا ذکر کیا ہے ورنہ اس علمی ادارے میں نوادرات کا بہت بڑا قیمتی خزانہ محفوظ ہے۔

یہاں جمع شدہ نوادرات میں سے چند نسخوں کا پس منظر اور مصنف کے تفصیلی حالات کا ذکر محترم المقام پروفیسر میر محمود حسین صاحب نے اپنی کتاب "مقالاتِ محمود" میں درج کیا ہے۔ اور مخطوطات کی فہرست بھی آپ ہی نے تیار کی ہے۔ اس فہرست میں مطبوعات شامل نہیں ہے۔

اس ادارے کا عملہ ایک ڈائرکٹر، ایک ڈپٹی ڈائرکٹر، فوٹو گرافر، کلرک، پنڈت، ریسرچ اسسٹنٹ پر مشتمل ہے۔ جن کی کارکردگی کا ثبوت ادارے کی جانب سے وقتاً فوقتاً شائع ہونے والا لٹریچر ہوتا ہے۔

کیا ہی اچھا ہوتا کہ سنسکرت کے ساتھ ہی ساتھ اس ادارے میں اردو کا بھی ایک الگ عملہ ہوتا۔ جو اردو، فارسی اور عربی مخطوطات کو ایڈٹ کر کے منظرِ عام پر لاتا۔ ڈاکٹر خضر علی خان مرحوم اور استاذی پروفیسر میر محمود حسین صاحب کی وظیفہ یابی کے بعد یہاں کا کام بالکل ٹھپ ہو کر رہ گیا ہے۔

27

آخر میں ہم مسلم زعما اور دانش وروں سے اپیل کرتے ہیں کہ وہ حکومتِ وقت اور یونی ورسٹی کے ارباب حل و عقد سے رابطہ پیدا کر کے یہاں کم از کم ایک اردو اسسٹنٹ ریسرچ اسکالر کو مامور کرائیں۔ جو ان تینوں زبانوں کو جانتا ہو وقت و حالات کی نا مساعدت سے دیگر مخطوطات جو ملک کے طول و عرض میں بکھرے پڑے ہیں انھیں بھی یہاں جمع کرانے کی کوشش جاری رکھیں۔ ورنہ ایک دن یہ قیمتی خزانہ ناپید ہو جائے گا۔

28

میسور میں اردو مشاعرے اور چند نامور شعراء

سلطنتِ خداداد میں جو شعراء دربار سے متوسل تھے وہ تو تھے ہی ان کے علاوہ وہ شعراء جو دربار سے ناوابستہ تھے وہ ریاست میسور کے مختلف شہروں میں بسے ہوئے تھے۔ جن کا ذکر تذکرہ نگاروں نے اپنے تذکروں میں کیا ہے۔ مگر تذکرے اردو مشاعروں کی تفصیلی روداد سے جہاں تک میں نے مطالعہ کیا ہے بالکل خالی ہیں۔ اس کی وجہ شاید یہ ہوگی کہ اس دور میں فارسی درباری زبان تھی اس لیے اردو کی نسبت فارسی میں لکھنا خواص کا محبوب مشغلہ تھا۔ اور اکثر شعراء اپنی تخلیقات مثنوی اور نظم کی صورت میں پیش کرتے تھے۔ ویسے دورِ سلطانی کے چند نامور شعراء جیسے حسن علی عزتؔ، میر حسین علی کرمانی، زین العابدین عابدؔ۔ محمد علی مہکری خانہ زاد۔ عبدالقادر مہکری قادری۔ محمد باقر مہکری یکرنگ وغیرہم کا اردو کلام کتابی مخطوطات کی شکل میں آج تک محفوظ ہے۔

سلطنتِ خداداد کی تباہی کے بعد اردو و فارسی کے کئی نامور ادبا و شعراء میسور آکر آباد ہو گئے تھے۔ مگر میسور میں اردو مشاعروں کا بندھا ٹکا سلسلہ سلطانؒ کی شہادت کے کئی سال بعد نواب محمد حسین سلطان نسیم میسوری سے رائج ہوا۔ اس کی افتتاح ۱۲۷۳ھ میں ایک طرحی مشاعرے سے ہوئی جس میں نواب نسیم میسوری کے ایک حیدرآبادی استاد میر شمس الدین فیضؔ کا مصرعہ طرح: ع

کس نے دکھلایا تجھے کوچہ مرے ناسور کا

دیا گیا تھا۔ اردو مشاعرے نسیم میسوری میسور کے علاوہ، گنجام اور بنگلور میں بھی منعقد کرتے تھے ۱873ء میں مولوی مفتی غلام محی الدین عازم میسوری نے باقاعدہ طور پر اردو نعتیہ مشاعروں کا سلسلہ شروع کیا۔ یہ مشاعرے ابتدا میں مسجدِ مہمان میسور

کے بالاخانے پر ماہ بماہ ہوا کرتے تھے۔ ازاں بعد یہ سلسلہ مسجد باغبان میسور میں منتقل ہو گیا۔ عازم کا انتقال جب ۱۳۰۹ھ میں ہوا تو ان مشاعروں کی مجلسِ منتظمہ کا صدر امجد باقری کو بنایا گیا اور یہ مشاعروں کا سلسلہ ۱۳۰۹ھ سے ۱۳۱۲ھ تک اسی جگہ چلتا رہا۔ اس کے بعد یہ مشاعرے مسجدِ درگاہی میسور میں ہونے لگے جس کی تجدید ۱۳۴۲ھ میں ہوئی جس کے کچھ عرصہ بعد چند حضرات محمد امام حوالدار، محمد سالار نقاش، آدم خان جمعدار اور نادر ابراہیم نے ان مشاعروں کا انعقاد محبوبیہ مکان (رہبر کا مکان) میں کیا۔ جہاں ایک عرصہ تک یہ سلسلہ جاری رہا۔ رفتہ رفتہ میسور میں مشاعروں کا رواج عوام و خواص کا ایک علمی مشغلہ بن گیا اور شہر بھر میں طرحی اور غیر طرحی مشاعرے مختلف انجمنوں کے اہتمام میں منعقد ہونے لگے۔ آج کل شہر کے اردو داں طبقے میں مشاعروں کا انعقاد رواجِ عام ہو گیا ہے۔ اور مختلف انجمنیں اس گراں قدر خدمات کو انجام دیتی ہیں۔ ان انجمنوں کی کارگزاری کی تفصیل میری کتاب "داستانِ میسور" میں ملاحظہ کیجیے۔ "مشاعرۂ بہشت" کا تفصیلی ذکر بھی "داستانِ میسور" میں درج ہے۔ یہاں ہم میسور کے اُن شعراء حضرات کا تذکرہ کرتے ہیں، جن کا حال "داستانِ میسور" میں تفصیل سے نہیں ہے:

اس سلسلہ کی پہلی کڑی نواب محمد علی سلطان نسیم میسوری تھے۔ جن کی ولادت ۱۸۴۰ء اور وفات ۱۸۸۵ء میں ہوئی۔ نسیم میسوری کو میسور کے مولانا حالی کہیں تو بالکل بجا ہے کیوں کہ ان کی کوششوں سے میسور کے شعراء نے دکنی الفاظ کو ترک کر کے شمال والوں کی طرز میں اپنی شاعری کا سانچہ بنانے کی کوشش کی اور آج یہاں کا ہر شاعر اردو شاعری کا مجتہد نہیں تو شمال والوں کی شاعری کا کامل مقلد ضرور ہے۔

آپ کے پڑنانا نواب محمد ابراہیم علی خان تھے جو عہدِ سلطانی میں بنگلور کے حاکم تھے۔ آپ کا انتقال اسی جگہ ہوا اور وہیں مدفون ہیں۔ مزار پر گنبد ہے اور مزار سے متصل ایک مسجد بنی ہوئی ہے۔ مزار پر ہر جمعرات لوگ جمع ہو کر پھول چڑھاتے ہیں۔ آپ کے حقیقی نانا نواب رضا علی خان رہنگی نواب سلطانی فوج کے سپہ سالار تھے۔ آپ کی تعمیر

گنبدِ سلطانی کے اس احاطہ میں ہے جہاں سلطانؒ کے اقارب اور امراء کی قبریں ہیں مزار پر نسیمؔ کے والد نواب عبدالقادر قریشی کا لکھا ہوا کتبہ نصب ہے جس سے اس زمانے کی اردو کا اندازہ ہوسکتا ہے۔ اگرچہ کہ آپ کے والدین میسور کی سکونت ترک کرکے بنگلور کو اپنا وطنِ ثانی بنا چکے تھے مگر جب نسیمؔ میسوری عالمِ شباب میں حصولِ تعلیم کی غرض سے میسور آئے تو ان کے ساتھ ان کے والدین بھی دوبارہ میسور آکر یہیں کے ہو رہے۔

نسیمؔ میسوری منشی منجم غلام حسین عاصیؔ کے شاگردِ ارشد تھے منشی غلام حسین کے مفصل حالات "داستانِ میسور" میں درج ہیں۔ تعلیم حاصل کرنے کے بعد نسیمؔ صاحب کو انگریز کمشنر ایل بی بورنگ نے تحصیلداری کی ملازمت دی مگر آپ کا میلانِ طبع اور رجحان شاعری کی طرف تھا۔ اس لیے وہ ملازمت کو خیرباد کہہ کر بقیہ عمر شاعری کی زلفیں سنوارنے میں گزار دی۔ آپ شاعری میں حیدرآباد کے نامور شاعر میر شمس الدین فیضؔ اور محمد سعید عبدالخالق سے اصلاح لیتے تھے۔ آپ کا دوسرا تخلص بہار تھا۔ اس کی تصدیق آپ کے اس شعر سے ہوتی ہے: ؎

گلشن میں دھوم پڑ ہے جو نغمہ ہزار کا ٭ دلوال سنا رہی ہے نسیمِ بہار کا

آپ نے ایک کے بعد دیگر چار شادیاں کی تھیں جن میں دو انگریزن تھیں آپ کے کلام کو سب سے پہلے بنگلور کے کاتب عبدالحق تحقیق اور قاسم الاخبار کے ایڈیٹر محمد قاسم غمؔ نے ۱۳۰۸ھ میں شائع کیا تھا۔ جس کے بعد آپ کے شاگرد محمد علی خان میانہ نے 1891ء میں "کلیاتِ نسیم" شائع کروایا۔ موجودہ دور میں پروفیسر میر محمود حسین صاحب نے آپ کے کلام کو نئے سرے سے ایڈیٹ کرکے شائع کیا ہے۔

اس طرح نسیمؔ کا کلام کئی بار شائع ہوچکا ہے۔ آپ کا مزار میسور منڈی محلہ قبرستان میں ہے۔ مگر افسوس کہ میسور کی اس بلند مرتبہ شاعر کی مزار پر کوئی کتبہ تک نہیں ہے۔ محمد حیات قائلؔ متولی مسجد بندگی علی شاہؒ نے جو آپ کے ہم عصر تھے تاریخِ وفات لکھی تھی: ؎

کہا حوروں نے لے بلائیں سال ٭ گلشنِ خلد میں نسیم آئے

۱۳۰۵ھ

آپ کی ایک نعت اور غزل کے دو چار شعر بطور نمونہ درج کئے جاتے ہیں:

نہ نماز آتی ہے مجھ کو نہ دُعا آتی ہے یا محمدؐ کی مگر دل سے صدا آتی ہے
دلِ کُنہ ناسور کو میرے نہ لگا دُ مرہم اس دریچے سے مدینہ کی ہوا آتی ہے
ہیں وہ شیطان جو منکر ہیں شفاعت کے ترے جن کو ایمان نہیں کب اُن کو حیا آتی ہے
حکم کرتے ہیں یہی وہ کہ پڑھے جاؤ درود جن کو بیماری عصیاں کی دوا آتی ہے
شکر اللہ کا مرا شعر ہے مقبول نسیم کیوں غزل سننے کو اک خلقِ خدا آتی ہے

•

کیوں خفا مجھ سے ہوا رشکِ قمر آپ سے آپ کوئی بدلا ہے کہ خود بدلی نظر آپ سے آپ
تم نے انگڑائی جو لی ہم نے بھی مطلب سمجھا دل سے دل کو اچی ہوتی ہے خبر آپ سے آپ

•

آنکھ اس گل سے لڑائی ہیں نے آسان جان کے کیا کروں یارب میں اب لالے پڑے ہیں جان کے
ہے غضب کی بات کچھ منہ سے نہیں نکلا سخن دل میں وہ شرما گئے مطلب مرا پہچان کے

اس سلسلے کی دوسری کڑی جناب میر رضا علی المتخلص بہ رضا بن میر سجاد علی بن میر امین علی (قلعدار گلشن آباد) آپ میرے حقیقی پڑدادا تھے۔ آپ نے عربی و فارسی کی تعلیم اپنے دادا اور والد سے حاصل کرنے کے علاوہ منشی منجم غلام حسین سے بھی کسب فیض حاصل کیا تھا۔ آپ فارسی کے مانے ہوئے شاعر اور انشاء پرداز تھے ہی مگر جب اردو میں شعر کہنا شروع کیا تو اُسے حدِ کمال کو پہنچایا۔ آپ کا مجموعۂ کلام ہمارے خاندان میں موجود تھا۔ جسے مولوی منشی محمد خان صاحب مرحوم شوہر ڈاکٹر آمینہ خاتون صاحبہ نے ہمارے مرحوم والدِ محترم میر قاسم علی صاحب سے یہ وعدہ کرکے کہ "آپ کے دادا میر رضا علی رضا کا کلام لاحظہ کرنے کے بعد بعجلت لوٹا دوں گا"۔ لے گئے تھے مگر باوجود طلب کرنے کے بھی نہیں لوٹایا۔ اب ان کے علاقین کے پاس سوائے دو ایک مراثی، چند سلام، نوحے اور سبیل کے علاوہ کچھ نہیں رہا۔ آپ کے فارسی مخطوطات اس کے علاوہ ہیں۔ جن میں ایک فارسی مخطوطہ بنام "زاد الصلحین" ہے جس میں آپ نے اپنا شجرہ اپنے ہاتھ سے

لکھا ہے۔ آپ کے لکھے ہوئے نوحے و سبیل میسور اور اطراف کے علاقوں میں ایامِ محرم شیعہ برادری میں عقیدتاً پڑھی جاتی ہیں۔ آپ منشی مرزا زین العابدین عابدؔ کی بڑی بہن کے حقیقی پوتے تھے۔ اس کے علاوہ آپ کی بڑی بہن مرزا غلام مہدی المتخلص بہ مہدیؔ سے منسوب تھیں۔ آپ کا انتقال 885ھ میں ہوا اور میسور منڈی محلہ قبرستان میں مدفون ہیں۔ آپ کے کلام سے سبیل اور نوحے کے دو ایک بند ہدیۂ ناظرین ہیں

سبیل

شربت یہ پیو نذرِ حسینؑ ابنِ علیؑ ہے
لب تشنہ موا سبطِ رسولِ عربیؐ ہے

اے اہلِ عزا یاد کرو شہؑ کی رو داد
آباد وہ گھر کرب و بلا میں ہوا برباد
پانی نہ دمِ ذبح دیا شہؑ کو جلاد
مذبوح کیا ابنِ یداللہ کو بے آب
شربت یہ پیو نذرِ حسینؑ ابنِ علیؑ ہے

اس رسم سے آگاہ ہے ہر اہلِ زمانہ
ہے اجر بڑا پیاسوں کو پانی کا پلانا
یہ بھی کہیں جائز ہے کہ مہمان بلانا
پانی کے عوض نہر پہ خون ان کا بہانا
شربت یہ پیو نذرِ حسینؑ ابنِ علیؑ ہے

نوحہ

یہ رن میں زینب آکر برادر
پکاری لاشۂ شاہ پر برادر
پڑے ہو رن میں بے سر برادر
برادر بہن قربان حسینہ

چلی ہوں قید ہو کر برادر
ردا نہیں ہے سر پر برادر
اوڑھاؤ اٹھ کے چادر برادر
برادر بہن قربان حسینہ

اس سلسلے کی تیسری کڑی مرزا غلام مہدی المتخلص بہ مہدیؔ ابنِ منشی عابدؔ امیرؔ حقیقی پڑنانا آپ پولیس انسپکٹر تھے۔ آپ نے ابتدائی تعلیم اپنے والد منشی عابدؔ سے حاصل

33

کی بعد میں منشی منجم غلام حسین عاصی سے عرصہ تک اس زمانے کے متداول علوم میں دستگاہ حاصل کی جس کا تفصیلی ذکر آپ کا لکھا ہوا مخطوطہ بنام "خلاصہ وضاحت" میں درج ہے آپ فارسی اور اردو دونوں زبانوں میں شعر کہتے تھے۔ علاوہ آپ کے "نثری نگارشات فارسی" ان کے خاندان والوں کے پاس محفوظ ہیں۔ آپ کی رہائش اپنے آبائی مکان بنام 'بڑا گھر' میں تھی جو اس زمانہ میں 'رشکِ بہشت سے ملحق تھا۔ آپ کے لکھے ہوئے نوحے سلام وغیرہ ایام عزا التزاماً پڑھے جاتے ہیں۔

خصوصاً یہ نوحہ صبح اربعین کی مجلس میں پڑھا جاتا ہے۔ جس پر سینہ زنی وآہ وزاری ہوتی ہے۔ آپ کا مزار میسور منڈی محلہ قبرستان میں ہے۔ ؎

نوحہ

وا ویلا صد وا ویلا

اندوہ سے سر ہے بن ہادہ
ہے مدِ نظر گھر کا جادہ
جاتا ہے وطن کو شہزادہ

وا ویلا صد وا ویلا

اکرام کاوش

اسلامی کتابیں اور میسور

اردو میں اسلامی کتابوں کی تاریخ ڈھائی سو برس کی مدت پر پھیلی ہوئی ہے۔ ماضی میں ساری اسلامی کتابیں عربی اور فارسی زبانوں میں تھیں۔ کیوں کہ جو بھی اسلامی کتاب عربی سے ترجمہ ہوتی تھی وہ فارسی زبان میں ہوتی تھی اور چوں کہ عربی و فارسی زبان علماء و امراء تک محدود تھی، اس لیے عوام الناس کی رسائی ان کتابوں تک نہیں ہوتی تھی۔ چناں چہ عوام مذہبی معلومات کے لیے علماء کے محتاج تھے۔ مگر گزشتہ صدی کے پہلے نصف یعنی 1857ء کی جنگِ آزادی کے بعد سے اردو میں اسلامی کتابوں کی اشاعت کا بازار گرم ہوا۔ اور ہندوستان کے گوشے گوشے میں اردو زبان میں دینی کتابیں اور رسائل دھڑا دھڑ شائع ہونے لگے۔ ان کتابوں کی اشاعت اور طباعت کی خدمت سب سے پہلے نامی پریس، کانپور اور نولکشور پریس لکھنؤ نے انجام دی۔ نولکشور والوں نے ضخیم سے ضخیم کتابیں ارزاں سے ارزاں قیمت پر فروخت کیں۔ اس طرح انہوں نے دینی کتابیں اردو زبان میں ملک بھر میں عام کردیں۔ پھر ندوۃ المصنفین دہلی، دارالمصنفین اعظم گڑھ، ندوۃ العلماء لکھنؤ، قاسم العلوم دیوبند، اشاعتِ دینیات، دہلی، باقیات الصالحات ویلور، مدرسۂ لطیفیہ ویلور، امامیہ مشن لکھنؤ، موئید العلوم لکھنؤ، مدرسۃ الواعظین لکھنؤ، نظامی پریس لکھنؤ، تاج کمپنی بمبئی وغیرہ نے بھی کئی دینی کتابیں، قرآنِ مجید کے بہترین نسخے وغیرہ شائع کئے اور یہ سلسلہ ہنوز جاری ہے۔ ان اداروں نے جو دینی کتابیں مہیا کی ہیں وہ نہایت ہی قیمتی ذخیرہ ہے۔ جو محقق اور جیّد علماء کی بے لوث اور مسلسل کوششوں سے وجود میں آیا ہے۔ عصرِ حاضر میں مختلف اضلاع میں کئی عربی مدرسے اپنی اپنی جگہ چھوٹی موٹی کتابیں اور رسالے وغیرہ آسان سے آسان اردو میں شائع کرنے میں کوشاں ہیں۔

اس طرح آج کل اردو میں دینی کتابوں کا زیادہ سے زیادہ ذخیرہ جمع ہوتا جارہا ہے۔ یہاں ہم مختصراً ان اسلامی و دینی کتابوں کا تذکرہ کرتے ہیں جو اردو داں طبقہ میں قبولیتِ عام کا درجہ حاصل کر چکے ہیں۔

غالباً سب سے پہلے شاہ ولی اللہؒ کے خاندان کے دو علماء حضرات شاہ عبدالقادرؒ اور شاہ رفیع الدینؒ نے قرآنِ مجید کے اوّلین ترجمے پیش کئے۔ شاہ عبدالقادرؒ نے موضح القرآن نامی تفسیر لکھی جو اردو کی پہلی تفسیر تھی۔ پھر مولوی نذیر احمد دہلویؒ نے کلام اللہ کا با محاورہ ترجمہ پیش کیا۔ مولانا اشرف علی تھانویؒ نے تفسیرِ بیان القرآن لکھی اور اس پر آپ کا عالمانہ دیباچہ اور حاشیہ معلومات کا ایک دریا ہے۔ اگر غور سے دیکھا جائے تو آپ اسلامی دینیات کے ایک بڑے عالم اور مصنف تھے۔ جنھوں نے ہزار سے زیادہ دینی کتابیں لکھیں۔ خصوصاً آپ کی گراں قدر تصنیف "بہشتی زیور" ہندوستان اور پاکستان کے اکثر مسلم گھرانوں میں موجود ہے۔ مولوی عبدالحق حقّانیؒ نے تفسیرِ حقّانی مرتب کی۔ یہ تفسیر بھی اردو میں ایک بڑی تفسیر ہے۔ مولانا اشرف علیؒ کی طرح مولانا مودودی صاحب بھی اسلامی ادب کے ایک بڑے عالم اور سینکڑوں دینی کتابوں کے مصنف تھے جن میں آپ کی مشہورِ زمانہ تفسیر "تفہیم القرآن" جو کہ آسان اردو میں لکھی گئی ہے جس کے باعث ہر خواندہ و ناخواندہ کے لیے ایک کام کی چیز ہے۔ ان علماء کے علاوہ جن علماء حضرات نے قرآنِ مجید کا ترجمہ اردو میں پیش کیا ہے ان میں مولانا فتح محمد خان صاحب کا اردو ترجمہ جس میں ترجمہ ہے مگر متن نہیں ہے۔ مولانا حسن نظامی اور مولانا ابوالکلام آزاد نے بھی ترجمہ پیش کیا ہے۔ شیعہ برادری کے علماء میں مشہورِ زمانہ عالم سید علی نقی جن کا حال میں انتقال ہوا سینکڑوں دینی کتابوں کے مصنف تھے۔ ان میں آپ کی تفسیر القرآن اور ایک معرکتہ الآراء کتاب "شہید انسانیت" اردو عوام میں بہت مقبول ہوئیں۔ اسی برادری کے دو اور علماء مولانا مقبول احمد دہلوی اور مولانا حافظ سید فرمان علی نے بھی کلام اللہ کا اردو ترجمہ پیش کیا ہے۔ کرناٹک میں مولوی محمد غوث صاحب مرحوم والدِ محترم جناب محمد عبداللہ صاحب مالکِ وطن پریس،

بنگلور قرآن مجید کا اردو ترجمہ مع تفسیر کے شائع کیا۔ اسی طرح کلیم الملک سید غوث محی الدین صاحب مرحوم ایڈیٹر "الکلام" نے بھی الکلام پریس بنگلور سے 1955ء میں ترجمہ متن کے بغیر آیتوں کے نمبروں کے ساتھ شائع کیا تھا۔

دیگر اسلامی کتابوں میں سیرت النبیؐ کا سب سے پہلا اردو ترجمہ غالباً "مدارج النبوہ" کا ہوا۔ علامہ شبلیؒ نے اپنا شاہ کار "سیرت النبیؐ" پیش کیا۔ جس کی تکمیل آپ کے شاگرد مولانا سید سلیمان ندویؒ کے ہاتھوں ہوی۔ مرزا حیرت دہلوی نے اپنی سیرت الرسولؐ پیش کیا۔ جس میں سیرتِ طیبہؐ پر نئے زاویہ سے روشنی ڈالی۔ اسی طرح قاضی سلیمان منصور پوری کی 'رحمتہ للعالمین' بھی اپنی نوع کی ایک منفرد کتاب ہے۔ کرناٹک کے علماء میں سیرتِ طیبہ پر مولانا عبدالحیؒ بنگلوری کی مشہور تصنیف "جنان السیّر" ہزاروں کی تعداد میں کئی مرتبہ شائع ہوی۔ یہ تمام سیرتیں اردو کا مایہ ناز سرمایہ ہیں۔

احادیث کے کئی اردو ترجمے منظرِ عام پر آئے۔ بنگلور سے مولانا عبدالحیؒ صاحب نے صحیح بخاری شریف کا ترجمہ پیش کیا۔ بھوپال دربار کی مدد سے مولانا عبدالوحید خان نے صحاح ستہ کا ترجمہ کیا۔ فقہ کی کتابوں میں 'درالمختار' اور 'ہدایہ' کا ترجمہ دو مرتبہ ہو چکا ہے۔ کرناٹک میں مولانا احمد خان شیرانی کی مشہور کتاب 'چار کرسی' جو نواب حیدر علی خان بہادر کے دورِ ملکی تصنیف ہے۔ شائع ہوی۔ پھر 'ردالمختار' و 'فتاوی عالمگیری' بھی اردو میں شائع ہو چکی ہے۔ 'عقائدِ اسلام' کے نام سے عقائد پر عبدالحق دہلویؒ نے ایک کتاب تصنیف کی۔ مشکوٰۃ شریف کی شرح 'مظاہرِ حق' کیدانی کا اردو ترجمہ ہوا۔ یہ تمام کتابیں اردو ادب میں سنگِ میل کی حیثیت رکھتی ہیں۔

فرائض یا میراث کے علم پر بھی چند کتابیں اردو میں لکھی گئیں۔ تصوف کی اہم کتابوں کے فارسی سے اردو میں ترجمہ ہوئے اور اردو میں صوفیاء کرام نے بھی کتابیں رسالے لکھیں۔ کرناٹک میں خواجہ بندہ نوازؒ کی تصنیف "معراج العاشقین" بہت مشہور ہے۔ لیکن اصولِ تفسیر، اصولِ حدیث اور اصولِ فقہ پر بہت کم عربی اور فارسی کتابوں کے ترجمے اردو میں ہوئے۔ شاید اس کا سبب یہ ہوگا کہ یہ علوم علماء حضرات سے مخصوص

37

ہیں اور عوام کا ان سے بہت کم واسطہ ہے۔ البتہ منظوم نعتیہ کلام، مراثی، نوحہ وغیرہ اردو میں اتنی زیادہ تعداد میں وجود میں آئے ہیں کہ شاید فارسی میں بھی اتنا زیادہ ذخیرہ نہیں ہوگا۔ مناظرے کی کتابیں بھی اردو میں شائع ہوئیں۔ دینی رسالے کافی تعداد میں نکلے۔ اور ہنوز نکل رہے ہیں۔ ان میں 'نظام المشائخ'، 'مولوی'، 'پیشوا'، 'دین دنیا'، 'الواعظ'، 'اصلاح' وغیرہ ملک بھر میں بہت مقبول ہوئے۔

کرناٹک میں اس موضوع پر بہت ساری کتابیں منظرِ عام پر آچکی ہیں۔ ٹیپو سلطان شہیدؒ نے عام مسلمانوں کے لیے مسائل اور خطباتِ جمعہ پر کتابیں لکھوائیں تھیں۔ سلطنتِ خداداد کی تباہی کے بعد یہاں کے دو نامور علماء دینی کتابوں کی ترویج میں نمایاں حصّہ لیا۔ ایک مولانا میر حیات میسوری جنھوں نے دینی موضوعات پر باون رسالے لکھے جن میں 'مصباح الحیات'، 'سراج الحیات'، 'خمسۂ حیات'، 'شمع محفل' وغیرہ بہت مشہور ہوئے۔ آپ نے قصیدۂ بردہ کا کرناٹک میں پہلی مرتبہ اردو میں منظوم ترجمہ کیا۔ دوسرے مولانا عبدالحیٔ بنگلوری جنھوں نے دین کے متعدد موضوعات پر سو سوا سو سے زیادہ کتابیں نظم و نثر میں لکھیں۔ آپ نے خلفائے راشدین کی تاریخ پر بھی ایک ضخیم کتاب لکھی اور بخاری شریف کا اردو میں ترجمہ کیا۔ آپ کے اردو میں لکھے خطبے ملک بھر میں رائج ہوئے۔ یہ سب کتابیں ریاستِ میسور کا انمول خزانہ ہیں۔

اردو میں جو وسیع مذہبی معلومات کا ذخیرہ جمع ہوگیا ہے اس بنا پر مسلمانوں کے لیے اردو اور اسلام مترادف بن چکے ہیں۔ حالات کے مدِ نظر خوف اس بات کا ہے کہیں اردو بولنے والوں سے اردو کا دامن چھوٹ نہ جائے۔ تاریخ شاہد ہے کہ زندہ زبانیں اپنی جگہ پر برابر قائم رہیں گی۔ شرط یہ ہے کہ اردو بولنے والے اس سے غفلت نہ برتیں۔ وقت اور حالات کا تقاضا یہی ہے کہ اردو کے ساتھ ہی ساتھ دینی معلومات کو ملک کے ہر صوبے کی زبان میں منتقل کریں۔ چنانچہ کرناٹک میں یہ کام شروع ہو چکا ہے۔ جماعتِ اسلامی والوں نے قرآنِ مجید کا تفسیری ترجمہ کنڑ زبان میں دو مرتبہ شائع کیا۔ اسی طرح یہ کام ہر صوبے کی زبان میں ہونا چاہیے۔ ہمارے سامنے ٹمل اور ملیالم زبانوں کا اسلامی لٹریچر ایک عمدہ مثال ہے۔ ●

38

سنٹرل انسٹی ٹیوٹ آف انڈین لانگویجیس (سی۔ آئی۔ آئی۔ ایل) کی اردو خدمات

1969ء میں مرکزی حکومت نے یہ ادارہ مانوسا گنگوتری کے احاطے میں قائم کیا۔ اس ادارے کا عملہ ایک ڈائرکٹر اور کئی دیگر ہندوستانی زبانوں کے ریڈرس پر مشتمل ہے۔ اس ادارے کے بنیادی مقاصد یہ ہیں:۔

(1) ہندوستان میں بولی جانے والی مادری زبانوں کی ترقی و ترویج۔

(2) سماجی و لسانیات پر تحقیقی کام۔

(3) مادری زبانوں کی نصابی کتابیں تیار کرنا

(4) مختلف مادری زبان پڑھانے والے پرائمری اور سکینڈری اساتذہ کے تدریس کے سلسلے میں مختلف شہروں میں تربیتی پروگرام کا انعقاد کرنا۔

اس ادارے کے تین ذیلی اردو مراکز شمالی ہندوستان کے تین بڑے شہر لکھنؤ، سولن اور پٹیالہ میں قائم کئے گئے ہیں۔ کیوں کہ ان شہروں کے مدارس میں اردو ثانوی زبان کی حیثیت سے پڑھائی جاتی ہے۔ 1972ء سے اس ادارے کے زیرِ نگرانی میسور میں باقاعدہ اردو زبان پر تحقیق کا کام کا آغاز ہوا اور مختلف کتابیں منظرِ عام پر آئیں۔ اور مختلف پراجکٹ پر تحقیقی کام ہنوز ہو رہا ہے۔ بالخصوص بچّوں کے نصاب پر یہ ادارہ نمایاں خدمت انجام دے رہا ہے۔

اس ادارے نے اپنے کام کا آغاز سنٹرل اسکولس میں پڑھنے والے بچوں کے لیے۔ مادری زبان میں نصابی کتابیں تیار کرنے سے کیا! ور دکنی پر پہلی کتاب بنامِ ذیل شائع کی۔ اس کتاب کے موضوعات،

"Language use altitudes and identity

among Linguistic Marites and a case study of DAKKHINI URDU Speaker in Mysore"

۱۔ ایک زبان والا دوسری زبانوں سے قربت کس طرح کرسکتا ہے۔

2۔ ایک زبان والا اپنی زبان کی ترقی چاہتا ہے یا اپنی زبان کی قدیم حالت پر قانع ہے۔

3۔ اپنی زبان کو زندگی کے کن کن شعبوں میں استعمال کرتا ہے۔

4۔ دکنی زبان پر اردو اور کنڑی نے کیا رول ادا کیا۔

5۔ دکنی زبان کی ترقی و وسعت کے لیے کیا کام کرنا چاہیے۔

دوسرے پراجکٹ میں دکنی زبان پر ایک اور کتاب شائع کی جس کا نام:

"Langugе conpetence speach perception evaluation with reference to DAKKHINI URDU Speaker in Mysore city."

اس کتاب کا موضوع:

۱۔ دکنی بولنے والے تعلیم کے میدان میں معیاری اردو کو کیوں ترجیح دیتے ہیں۔

2۔ مختلف تجربوں سے یہ معلوم کرنے کی کوشش کی گئی ہے کہ دکنی بولنے والوں میں معیاری اردو بولنے اور استعمال کرنے کی کتنی قابلیت ہے۔

3۔ عام طور پر دکنی بولنے والے معیاری اردو کے استعمال میں کس طرح غلطیاں کرتے ہیں۔

حکومتِ کرناٹک نے اسکول کی نصابی کتابیں تیار کرنے کی ذمہ داری جب اس ادارے کو تفویض کی تو اس ادارے نے پہلی جماعت سے چھٹویں جماعت کی نصابی کتابیں تیار کیں لیکن تیسری جماعت کی کتاب زیرِ طبع ہے۔ نیز سکینڈری اسکولس کے بچوں کے لیے نویں جماعت کی کتابیں بھی تیار کی گئی ہیں۔ آج کل نرسری

میں پڑھنے والے بچے جن کی عمر دو سال سے چار سال کی ہوتی ہے ان کے لیے بالکل سلیس و آسان اردو میں Rhyms کی کتاب تیار کی جارہی ہے۔ اس پراجکٹ کی ریڈر ڈاکٹر شاملا کماری صاحبہ ہیں۔ جنھوں نے میسور کے اس ادارے میں بالخصوص اردو کے لیے بہت سارے پراجکٹ تیار کئے ہیں۔ اور ان پر باقاعدہ کام ہورہا ہے ویسے آپ کی مادری زبان ملیالم ہے مگر آپ کو اردو سے خاص شغف ہے۔ آپکے تعاون و معاونت کے لیے شہر سولن کے اردو مرکز سے ڈاکٹر خطیب سیّد مصطفیٰ صاحب کا تقرّر ہوا ہے اور آپ کی سرپرستی میں میسور کے اس ادارے میں کئی اردو پراجکٹ پر کام ہوا ہے آج کل آپ پونا کے ایک انسٹی ٹیوٹ کے زیرِ نگرانی اردو میں خطِ نستعلیق میں اردو کمپیوٹر تیار کرنے والے پراجکٹ میں منہمک ہیں۔ یہ کمپیوٹر عنقریب منظرِ عام پر آجائے گا۔

اس ادارے کی جانب سے بچّوں کے لیے جو کتابیں سلیس اور آسان اردو میں مرتب کی جارہی ہیں اس کی ایک انفرادیت یہ ہے کہ اس کام کے لیے صرف پرائمری اور سکینڈری مدارس کے اساتذہ کے خدمات حاصل کئے گئے ہیں۔ نظم کے ساتھ ساتھ نثری حصّے پر بھی کام جاری ہے۔ جس میں سلیس اور آسان اردو زبان میں مضمون کہانیاں اور "Question Bank" وغیرہ پر کام ہورہا ہے۔ اور اس کام کے لیے بھی پرائمری اور سکینڈری مدارس کے اساتذہ کے خدمات حاصل کئے گئے ہیں۔ اس ادارے کی دعوت پر ہندوستان کے مختلف یونیورسٹیوں سے جو دانش ور اور پروفیسر مدعو کئے گئے تھے ان میں سے چند ایک نام یہ ہیں :-

ڈاکٹر گوپی چند نارنگ، ڈاکٹر جگن ناتھ آزاد۔ ڈاکٹر قمر رئیس۔
ڈاکٹر عتیق احمد صدیقی۔ ڈاکٹر عبدالعظیم ۔ ڈاکٹر مغنی تبسم
ڈاکٹر اسلم پرویز ۔ خواجہ احمد عباس وغیرہم کے نام قابلِ ذکر ہیں۔

یہ ادارہ کرناٹک کے اردو شعبہ جات کے لیے ایک مثال ہے۔ جس پر یہاں والے عمل کریں گے تو یہ بات ایک قابلِ مستحسن بات ہوگی۔

41

میسور کے چند اہم اوقاف

اوقافی ادارے قوم کی ملکیت ہوتے ہیں۔ ان کی نگرانی اور دیکھ بھال کا کام خلفائے راشدین کے دور سے چلا آرہا ہے اور یہ کام آج بھی ہر اسلامی ریاست میں رائج ہے۔ آزادیٔ ہند کے بعد اوقافی املاک کی نگہداشت کے لیے سابق وزیرِ تعلیمات مولانا ابوالکلام آزاد مرحوم اور مولانا حفظ الرحمٰن سیہواری وغیرہم کی کوششوں سے 1954ء میں وقف ایکٹ تشکیل دیا گیا۔

اس ایکٹ کی رُو سے ہر وہ موقوفہ شے از قسمِ اراضی، مکان، قبرستان، عاشور خانہ، گنبد، عیدگاہ، شادی خانہ، ہاسٹل، مساجد وغیرہ کا مصرف حسبِ منشاءِ واقفین جاری رکھنے کے لیے ان کا ریاستی وقف بورڈ میں رجسٹریشن لازم قرار دیا گیا ہے۔ اس کا ایک مرکزی دفتر دارالسلطنت دہلی میں بنام "وقف کونسل" ہے۔ یہ کونسل ہر ریاست کے وقف بورڈ کو اس کے ماتحتی اوقاف کی ترقی کے لیے گاہ بگاہ گرانٹ منظور کرتی ہے۔ وقف ایکٹ کے تحت ہر ریاست میں وقف بورڈ تشکیل دیا جاتا ہے۔ جس کے جملہ گیارہ اراکین ہوتے ہیں جس میں شیعہ فرقہ کے ایک رکن کا تقرر لازمی قرار دیا گیا ہے۔ مذکورہ اراکین حکومت کے نامزد کردہ ہوتے ہیں اور اراکین چیرمن کا انتخاب کرتے ہیں۔ بورڈ کی مدتِ کارکردگی پانچ سال ہوتی ہے۔ حکومت کے وزراء کی کابینہ میں اوقاف کا قلمدان ایک وزیر کے ذمہ ہوتا ہے۔ حکومت کو بورڈ کی کارروائی میں دخل اندازی کا مجاز حاصل نہیں مگر بورڈ کی کارروائی میں کوئی نقص نظر آئے تو وہ اس کو تحلیل کرسکتی ہے۔ چیرمن کا دفتر کا سکریٹری حکومت مامور کرتی ہے۔

اس ایکٹ کی رُو سے اہلِ سنّت کا رجسٹریشن علاحدہ اور اہلِ شیعہ کا الگ ہوتا ہے۔ ہر سجادہ اور متولی کو اپنے وقف کی آمدنی کا چھ فی صد حصّہ بورڈ کو دینا

لازمی ہے۔ اس آمدنی سے بورڈ اپنے عملہ کی تنخواہیں اور دیگر اخراجات پورے کرتا ہے۔ ریاست میں وقف بورڈ کی تشکیل سے پہلے مذکورہ اوقاف کی نگرانی محکمۂ مزرائی سے متعلق تھی۔ مگر بورڈ کی تشکیل کے بعد غالباً 1970ء میں مزرائی املاک بھی وقف بورڈ کی تحویل میں دے دی گئی ہے۔ چناں چہ مزرائی فنڈ سے بورڈ کو ایک خطیر رقم دی جا رہی ہے۔ یہ رقم ابتدا میں گیارہ لاکھ روپے تھی۔ مگر آج کل اس کو بڑھا کر ایک کروڑ روپے کر دی گئی ہے۔ ایکٹ کی رُو سے بورڈ ہر ضلع میں وقف کمیٹی تشکیل دیتا ہے۔ جس کے ارکان و صدر بورڈ کے نامزد ہوتے ہیں۔

ہماری ریاست کرناٹک میں وقف بورڈ کا قیام 1956ء میں عمل میں آیا۔ اس کے پہلے چیرمن معین الملک حضرت تاج پیراں مرحوم بنائے گئے تھے۔ آپ کے بعد سابق وزیر کرناٹک الحاج محمود شریف مرحوم، سابق کمشنر جناب ابو بکر مرحوم، الحاج رضوی مرحوم، الحاج میر مقصود علی خان صاحب، سابق وزیر کرناٹک و موجودہ چیف ایڈیٹر "روزنامہ" سالار" بنگلور، آپ کے بعد الحاج سید فرید مرحوم وغیرہم یکے بعد دیگرے بورڈ کے چیرمن نامزد ہوئے۔ موجودہ چیرمن سابق ایم۔ ایل۔ اے جناب سیف الدین صاحب ہیں۔

میسور کی پہلی وقف ضلع کمیٹی جو بورڈ نے تشکیل دی تھی اس کے پہلے صدر سابق ایم ایل سی الحاج سید عبدالرحمٰن صاحب نامزد ہوئے آپ کا دورِ صدارت گیارہ سال کو محیط ہے۔ آپ کے بعد الحاج ستّار سیٹھ مرحوم والدِ بزرگوار عزیز الملک الحاج عزیز سیٹھ صاحب سابق وزیر کرناٹک و موجودہ رکنِ پارلیمنٹ تھے۔ آپ کا دورِ صدارت دو سال رہا۔ آپ کے بعد میسور کے مشہور و معروف وکیل و قومی خدمت گار جناب عبدالغفار خان صاحب صدر مقرر ہوئے۔ آپ کا دورِ صدارت دو سال رہا۔ پھر بعد الحاج سید عبدالرحمٰن صاحب کو دوبارہ صدر مقرر کیا گیا۔ آپ کے بعد جناب عبداللہ شاہ صاحب سابق کلکٹر میسور پھر مسعود صاحب مرحوم، پھر بعد محمد اسحٰق صاحب کو صدر بنایا گیا۔ موجودہ صدر الحاج سید خلیل اللہ صاحب خدمت

انجام دے رہے ہیں۔ میسور کے اوقافی املاک میں اڑتالیس (48) مساجد، بارہ (12) مدرسے تیس (30) درگاہ، پانچ (5) قبرستان، دو (2) یتیم خانے، ایک (1) ہاسٹل، چار (4) عاشور خانے شامل ہیں۔ یہاں ہم ان اوقافی جائیداد کا ذکر کرتے ہیں۔ جن کا تذکرہ "داستانِ میسور" میں تفصیلاً درج نہیں ہے۔

۱۔ معینیہ ٹرسٹ (وقف)

یہ وقف اروین روڈ پر بالمقابل جامع مسجد واقع ہے۔ یہ املاک اوقاف کی ایک بے حد قیمتی جائیدادوں سے ایک ہے۔ اس کے مالک الحاج مولانا سید احمد قادری مرحوم تھے۔ آپ باقیات صالحات ویلور کے فارغ التحصیل تھے۔ تعلیم سے فارغ ہونے کے بعد چند دن سوار لین اردو مڈل اسکول میں بحیثیت اردو منشی کام کرتے رہے۔ اس کے بعد آپ کو مولوی منشی کورس پڑھانے کے لیے ٹیچرس ٹریننگ کالج میں لے لیا گیا۔ آپ بحیثیتِ خطیب ایک خاص مقام کے مالک تھے۔ وقت انتقال تک جامع مسجد، کچھی میمن مسجد وغیرہ میں خطابت کرتے رہتے۔ آپ کی وفات حرکتِ قلب کے بند ہوجانے سے ہوئی اور منڈی محلہ قبرستان میں مدفون ہیں۔ آپ اپنے والدِ بزرگوار مولانا سید معین الدین قادری کے نام پر اپنا ذاتی مکان بنام "معینیہ ٹرسٹ" وقف کیا ہے۔ حال ہی میں مالکانِ ونیر ملس میسور کو یہ عمارت تیس (35) سال کے لیے لیز پر دیدی گئی ہے۔ اور بطورِ عطیہ ایک لاکھ روپیہ حاصل کیا گیا ہے۔ ونیر ملس والے یہاں کی قدیم عمارت کو ڈھا کر اس کی جگہ ایک عالی شان کمپلکس تعمیر کر رہے ہیں۔ جس کی تکمیل کے بعد ایک معقول رقم کمیٹی کو بصورتِ کرایہ حاصل ہوگی۔ حسبِ منشائے واقف یہاں ایک عربی مدرسہ کا جاری رکھنا ضروری ہوگا۔

2۔ انجمنِ فاروقیہ، ساڈے روڈ میسور

یہ بھی ایک وقف شدہ املاک ہے۔ جو ساڈے روڈ پر نزد مشن ہاسپتال واقع ہے۔ اس کی دیکھ بھال کے لیے ایک کمیٹی موجود ہے۔ جس کے صدر انگریزی کے مشہور شاعر جناب نفیر محمد مرحوم

کے فرزند میسور کے ایک ابھرتے ہوئے جواں سال وکیل جناب فیاض محمد صاحب ہیں
آج کل اس کی عمارت میں ایک ہوٹل، دو دکانات اور ایک عربی مدرسہ ہے۔ اس سے
ملحقہ خالی جگہ پر اگر ایک کمپلکس تعمیر کیا جائے تو اس سے بھی ایک خطیر رقم بصورت
کرایہ حاصل ہو سکتی ہے۔ جو مسلم نادار طلبا کی تعلیم پر خرچ کی جا سکتی ہے۔

3۔ زینب بی ٹرسٹ (وقف)

یہ وقف ساڈے روڈ نارتھ کراس میں واقع ہے۔ اس
کے مالک میسور محکمۂ تعلیم کے صدر مدرس مولوی عبدالغنی مرحوم تھے اور آپ کی زوجۂ محترمہ
زینب بی مرحومہ بھی محکمۂ تعلیم سے منسلک تھیں۔ چوں کہ آپ لاولد تھے اس لیے انھوں
نے اپنا ذاتی مکان اپنی زوجہ کے نام پر بنام "زینب بی ٹرسٹ" وقف کر دیا۔ آج کل
عمارت میں ایک نرسری اسکول چل رہا ہے۔ جس کی آمدنی کا کچھ حصہ عربی مدرسہ
بیرِ کا مکان کو دیا جاتا ہے۔

4۔ بسم اللہ شاہ مکان میسور

یہ مکان ونوبھاوے اور سری رام روڈ پر نزدِ دیوراج
پولیس اسٹیشن پر واقع ہے۔ یہاں کی قدیم عمارت میں جو دو کانات ہیں ان پر کرایہ داروں
کا قبضہ ہے۔ بورڈ کی جانب سے ان پر مقدمہ دائر کر دیا گیا ہے۔ جس کے تصفیہ کے
بعد اس جگہ کی اہمیت کے پیشِ نظر اگر اس مقام پر اس کے شایانِ شان کمپلکس
تعمیر کیا جائے تو اس سے بھی ایک خطیر رقم بصورتِ کرایہ حاصل ہوگی جو مسلم نادار
طلباء کی تعلیم پر خرچ کی جا سکتی ہے۔

5۔ انڈے شاہ ولیؒ کا مکان

یہ مکان ساڈے روڈ پر مسلم کوآپریٹو بنک کے مقابل واقع
ہے۔ وقف بورڈ کے نامزد کردہ اس کے واحد متولی سابق وزیر کرناٹک و موجودہ ایم پی
الحاج عزیز سیٹھ صاحب ہیں۔ ماضی قریب میں اس مکان کی اراضی کو میسور سی۔
ائی۔ ٹی۔ بی والوں نے اپنی تحویل میں لے کر سرکاری نرخ پر معاوضہ ادا کر دیا ہے۔ ہم

امید کرتے ہیں یہ حاصل شدہ رقم مسلم نادار طلبا کے تعلیمی مد میں صرف کی جائیگی۔

(6) حضرت گم نام شاہ ولیؒ کا ٹیک میسور:

یہ وقف میسور بنگلور ریلوے لائن کے کنارے پر نزد حلیم نگر واقع ہے۔ یہ ایک مٹی کا ٹیلہ ہے۔ جس پر حضرت گم نام شاہ ولیؒ کا مزار مبارک ہے۔ ماضی کے سروے میں اس کا نام صرف گم نام شاہؒ ولی کا مقبرہ مرقوم تھا۔ جس سے یہ بات واضح نہیں ہو سکتی تھی کہ آیا صرف مزار کا حصہ وقف ہے یا اس کے اطراف واکناف کی جگہ بھی وقف میں شامل ہے۔ مگر جب شری گنگے گوڈا میسور سی ای ٹی بی کے چیرمن نامزد ہوئے تو الحاج سید عبدالرحمٰن صاحب اور دیگر مسلم زعما کی مساعی سے اس کا تصفیہ ہو گیا۔ جس کی رو سے ٹیلہ کا صرف بالائی حصہ وقف کی تحویل میں شامل کردیا۔ بقیہ ٹیلہ کا ڈھلوانی اور زیرین حصہ میسور سی۔ ائی۔ ٹی۔ بی کی ملکیت میں شامل قرار دیا گیا ہے۔ جس پر درخت اگانے کا منصوبہ بنایا گیا ہے۔ وقف کی اس دستاویزی کاغذات سے ناواقف اکثر نادار مسلم افراد اس ٹیلہ کے ڈھلوانوں اور زیرین حصے میں گھاس پھوس کے مکانات تعمیر کرلیا کرتے ہیں جن کو بعد میسور سی ائی۔ ٹی۔ بی والے خالی کرا کر توڑ دیا کرتے ہیں۔

میسور کے مندرجہ ذیل اوقافی اداروں کو ان کی ترقی و تعمیر کے لیے وقف بورڈ نے ایک خطیر رقم بصورتِ گرانٹ دیا ہے۔

(1) میسور مسلم ہاسٹل کو چھ 6 لاکھ روپئے

(2) رفا کامپلکس کی تعمیر کے لیے دو 2 لاکھ روپیہ۔

(3) ضلع کی کئی مساجد وعاشور خانوں کو دس دس ہزار روپئے کا گرانٹ دیا ہے۔ اس کے ماسوا وقف کونسل دہلی نے رفا کامپلکس کی تعمیر کے لیے پچیس لاکھ روپیہ بطور قرض دیا ہے۔

46

مساجدِ میسور کا پس منظر

سقوطِ سری رنگ پٹن کے بعد جو مسلمان میسور آ بسے تھے اگرچہ کہ وہ صاحبِ علم اور باکمال تھے مگر اُن کی تعداد بالکل مختصر تھی۔ وقت کے ساتھ ساتھ اُن کی آبادی میں اضافہ ہوتا گیا اور آج یہاں کی مسلم آبادی قریباً دو لاکھ ہے اور تقریباً ستّر مساجد موجود ہیں۔ جن میں چند قدیم اور چند زمانۂ قریب کی تعمیر کردہ ہیں۔ ہم یہاں صرف ان قدیم وجدید مساجد کا پس منظر درج کرتے ہیں۔ جو وقف بورڈ میں شامل ہیں

۱۔ جامع مسجد۔ اروِن روڈ۔ میسور:۔

میسور کی یہ قدیم مسجد مسجد ہے جسے ریاست کے اس وقت کے دیوان پورنیّا نے حکومت کی طرف سے بنوایا تھا۔ دیوان پورنیّا نواب حیدر علی خان بہادر اور ٹیپو سُلطانؒ شہید کے درباروں سے بھی وابستہ تھے۔ حکومت کی طرف سے اس مسجد کے پہلے متولی منجم منشی غلام حُسین عاصی مقرر ہوئے تھے اس مسجد کی دوبارہ تجدید و تزئین آنجہانی مہاراجہ کرشنا راج وڈیر بہادر کے دورِ حکومت سنہ 1926ء میں ہوی۔ آزادی سے پہلے تک اس مسجد کا انتظام و انصرام حکومت کی طرف سے ہوتا تھا۔ اس میں لنگر کا انتظام تھا اور مسافروں کو تین دن تک روزانہ دو وقت کھچڑی دی جاتی تھی۔ اور رمضان المبارک کے مہینے میں ہر روز راج محل سے افطاری آتی تھی۔ اس مسجد میں موجودہ چاندنی کا اضافہ حال ہی میں الحاج عبدالمجید خان صاحب سرپانی کے دورِ معتمدی میں ہوا ہے۔ آج کل ڈسٹرکٹ وقف بورڈ کا دفتر اسی مسجد کے احاطے میں قائم ہے۔

نواب صاحب کی مسجد۔ ڈبل روڈ۔ کے آر محلّہ میسور

اس مسجد کی تعمیر کے متعلق یہ روایت

بیان کی جاتی ہے کہ یہ مسجد اور اس کے مدّ مقابل ایک شاہی محل حضرت ٹیپو سلطان شہیدؒ کی ایماء پر تعمیر کئے گئے تھے۔ دوسری روایت ہے کہ یہ مسجد اور محل سلطان کے خسر نواب میر معین الدین علی خان اور ان کی اولاد نے تعمیر کروائی تھی۔ اس کی دوبارہ تجدید و توسیع حضرت پیر سید جماعت علی شاہؒ کے ایماء پر ہوی۔ اور ''زینت المساجد'' نام رکھا گیا جو اس کی توسیع کا مادۂ تاریخ ہے جس سے ۱۳۳۴ھ نکلتی ہے۔ اس مسجد کے تہ خانے میں نوابی خاندان کے چند مزارات ہیں۔ جن پر کتبے کندہ ہیں۔ سب سے قدیم کتبہ محترمہ مختار النساء کی مزار کا ہے جس پر مادۂ تاریخ یوں درج ہے :۔

چھوڑ دنیا کو جب گئی جنّت کو مختار النساءؒ	احمدِ مختار کے اقدام بوسی کو سدا
ہاتفِ غیبی کہا ایسا یہ سالِ انتقال	احمدِ مختار بولے آئے مختار آ

۱۲۵۵ھ

دوسرا قدیم کتبہ محترمہ بی بی زینب النساء مرحومہ کی مزار کا ہے۔ جس پر 1850ء درج ہے۔ مذکورہ مزارات کی تاریخ اور شہادتِ سلطانؒ کی تاریخ میں وقت کا فاصلہ بالکل کم ہے۔ اور نواب نظام الدین علی خان سلطانؒ کے ماموں تھے۔ ان تاریخوں سے قیاساً کہا جا سکتا ہے کہ یہ مزارات نواب نظام الدین علی خان کی زوجہ اور دختر کے ہو سکتے ہیں۔ تیسرا کتبہ نواب سید محمد ٹیپو سلطان علی خان بہادر نقشبندی قادری، ایڈی کانگ و مصاحب حضور مہاراجہ صاحب بہادر میسور۔ 26 رجون 1876ء مسجد کے صحن میں کسی بزرگ حضرت سید سلطان شاہ قادری کا مزار ہے۔ اس مسجد کی متعلقہ زمین پر اسی خاندان کے ایک فرد نواب میر نصیر احمد علی خان سابق کارپوریٹر کے آر محلہ میسور نے ایک عالی شان شاپنگ کامپلکس کافی جدوجہد سے تعمیر کیا ہے۔ اس مسجد کے موجودہ متولی نواب میر غفار علی خان صاحب ہیں۔

3. مسجد درگاہی ساڈے روڈ میسور :۔

اس مسجد کا شمار شہر کے قدیم مساجد میں ہوتا ہے

اس کے بانی حضرت درگاہی تھے جو اپنے وقت کے ایک جیّد عالم دین و شاعر تھے۔ کہتے ہیں کہ اس مسجد کی تعمیر سے پہلے یہاں آپ کا گھر تھا اور گھر کا ایک حصہ میں آپ نماز

پڑھاتے اور عربی مدرسہ چلاتے تھے۔ ازاں بعد اسی جگہ پر موصوف نے مسجد بنوائی جس کی تجدید دو بار ہوی۔ اس مسجد کی توسیع و ترقی میں مسجد کے سابق متولی جناب عبدالرحمٰن خان صاحب اور ان کے خاندان کے دوسرے افراد کا بڑا حصہ ہے۔ حضرت درگاہی کے عزیزوں میں حضرت کی دختر مہرالنساء کے نواسے عالی جناب الحاج سید عبدالرحمٰن صاحب سابق ایم۔ایل۔سی موجود ہیں۔

4۔ کچھی میمن مسجد۔ اشوکہ روڈ میسور

اس مسجد کا شمار شہر کی قدیم مساجد میں ہوتا ہے

مسجد کے اندر جو کتبہ لگا ہے اس پہ مادہ تاریخ یوں درج ہے۔ "بنائے کعبۂ ثانی شد زا اسمٰعیل۔" اس سے ۱۲۳۹ھ نکلتی ہے۔ اور یہ مادہ تاریخ مولانا میر حیات میسوری مصنفِ "مصباح الحیات" نے لکھی۔ اس مادہ تاریخ سے ظاہر ہے کہ یہ مسجد سلطانؒ کی شہادت کے نصف صدی بعد تعمیر کی گئی ہے۔ اس مسجد کے احاطے میں ایک قدیم مسافر خانہ تھا جو بصورتِ مسلم ہاسٹل، ٹیچرس ٹریننگ کالج میسور ایک مدت تک مستعمل رہا۔ جس پر الحاج محسن عبدالکریم سیٹھ صاحب کی دَور معتمدی میں ایک عالی شان کمرشیل کامپلکس تعمیر کیا گیا ہے۔ اس مسجد کے عقب میں ایک قدیم قبرستان تھا اور اس سے متصل ایک عربی مدرسہ تھا جو بعد میں حضرت صمدانی صاحب کے مدرسے کے نام سے موسوم ہوا۔ مولانا ابوالمظفر میر محمد حسین مرحوم قریباً ساٹھ برس تک اس کے امام و خطیب تھے۔ موجودہ صدر الحاج علی محمد سیٹھ صاحب ہیں اور اس کے موجودہ سکریٹری الحاج محمد اعظم سیٹھ صاحب ہیں۔

5۔ حیات صاحب کی مسجد۔ نزد سُنّی چوک میسور

اس مسجد کا شمار شہر کے قدیم مساجد میں ہوتا ہے۔ مسجد کے اندر دروازے کی چوکھٹ پر کتبہ یوں کندہ ہے۔

بسم اللہ الرحمٰن الرحیم	بنی زیبا یہ مسجد بارِ دیگر
کہا ہاتف نے سن حد زیبا	ہوا لاریب بیت اللہ ثانی
	۱۲۹۵

اس مادۂ تاریخ سے عیاں ہے کہ یہ مسجد سلطانؒ کی شہادت کے اٹھاسی برس بعد تعمیر کی گئی ہے۔ اس مسجد کے بانی حضرت محمد حیات المتخلص بہ قائل میسوری تھے۔ اس مسجد کے صحن میں قدیم قبرستان ہے جس میں حضرت بندگی شاہؒ کا مزار ہے۔ آپ اپنے زمانے کے ایک نامی گرامی صوفی تھے۔ مزار پر مادۂ تاریخ یوں درج ہے۔ ؎

فنا فی اللہ شیخ پاک و کامل　　　زدل سالِ وفاتش خورسنم گفت

بسیر لامکاں چوں زیں مکاں رفعت　　　جنابِ بندگی شہ زین جہاں رفت

اس تاریخ سے ظاہر ہے کہ آپ کا وصال ۱۲۵۳ھ سلطانؒ کی شہادت کے صرف چالیس سال بعد ہوا۔ سلطانؒ کی شہادت کی تاریخ ۱۲۱۳ھ ہے۔

6۔ مسجدِ جعفری لشکر محلہ میسور

یہ مسجد عاشور خانۂ حسینیہ کے احاطے میں سنہ 1923ء میں تعمیر کی گئی ہے۔ اس مسجد کا کتبہ عربی اور فارسی دونوں زبانوں میں کندہ ہے۔ یہ عاشور خانہ وقف میں شامل ہے۔ اس عاشور خانے کو میر فیاض عسکری فطنت نے تعمیر کیا تھا فطنت سری رنگ پٹن کی تباہی کے بعد میسور آنے والوں میں ایک بزرگ تھے۔ آپ کے خاندان کی آخری خاتون محترمہ سیدہ خدیجہ بیگم تھیں جنھوں نے ماضیٔ قریب میں اپنا یہ قدیم خاندانی عاشور خانہ اور اس سے متعلقہ ساری زمین قوم کے نام وقفِ عام کر دیا ہے۔ جس کے صحن میں یہ مسجد تعمیر کی گئی ہے۔ اراکینِ انجمنِ حسینیہ نے عاشور خانے کی قدیم عمارت کو بروز جمعرات، یکم مئی سنہ 1986ء منہدم کر کے از حد جد وجہد سے بارہ لاکھ روپئے کے صرفہ سے اسی جگہ پر ایک جدید طرز کا عالی شان عاشور خانہ تعمیر کیا ہے۔ جس میں تین مکان اور کئی دوکان ہیں۔ جن سے پانچ ہزار روپئے کرایہ وصول ہوتا ہے موجودہ عاشور خانے کی افتتاح 1-3-90ء حجۃ السلام مولانا سید محمد عباس صاحب کے ہاتھوں ہوی۔ اس عاشور خانے میں امسال ضریح معصومہ حضرت فاطمۃ الزہرہ ایستادہ کی گئی ہے۔ اس کو شہر بمبئی خوجہ برادری کی ایک معزز خاتون محترمہ راحت زہرہ زوجۂ محمد رفیع نے بطور نذرانہ دیا ہے۔ اس کی قیمت قریباً تیس ہزار روپیہ ہے۔ اس

مسجد سے متصل سیدہ خدیجہ بیگم کا مزار جو برسوں سے بغیر کتبہ اور سائباں کے بے موجود۔ مجلسِ منتظمہ نے کتبہ اور سائبان تعمیر کرنیکا وعدہ کیا ہے اس کارِ خیر میں بالمخصوص مرزا حسن علی بیگ موجودہ صدر میر اسکندر مرزا بی ای، موجودہ سکریٹری، میر محمد متقی اور میر حمایت حسین فیاضی موجودہ اراکین کے خدمات قابلِ ذکر ہیں۔

7۔ مسجدِ نقشبندیہ۔ اکبر روڈ میسور

اس مسجد کا شمار شہر کی قدیم مساجد میں ہوتا ہے۔ اور اس کو فاضل صاحب کی مسجد بھی کہتے ہیں۔ اس مسجد کے صحن میں کسی بزرگ نقشبندی صاحب کا مزار ہے۔ روایت ہے کہ آپ اس مسجد کے بانی تھے۔ اسی سبب مرحوم الحاج عبدالرؤف صاحب پنساری نے اپنے دورِ صدارت میں مسجد کے صدر دروازے پر کتبہ بنام "مسجدِ نقشبندیہ" لگایا ہے۔ کہتے ہیں کہ مسجد کی تعمیر کے زمانے میں اور اس کے بعد بھی فاضل صاحب نامی دکاندار جن کی دوکان مسجد سے متصل تھی مسجد کی دیکھ بھال کیا کرتے تھے اسی سبب اس مسجد کا نام فاضل صاحب کی مسجد مشہور ہوگیا۔ اس مسجد کی توسیع اور تعمیرات میں مرحوم الحاج عبدالرؤف صاحب کے خدمات قابلِ ذکر ہیں۔ اس کے موجودہ اڈمنسٹر الحاج بشیر احمد صاحب پنساری ایک خاموش خدمت گار ہیں۔

8۔ عیدگاہ محلہ کی مسجد میسور

یہ مسجد حضرت دودھ پیراں مکان کے احاطے سے متصل ہے۔ ماضی قریب تک یہ جگہ حضرت دودھ پیراں مکان کا ایک حصہ تھی۔ اس مسجد کی تعمیر میں جن حضرات نے بڑھ چڑھ کر حصہ لیا ان میں گنڈل پیٹ کے سوکار مرحوم امیر جان صاحب جناب عبدالکریم صاحب تاجر چرم کے خدمات قابلِ ذکر ہیں۔ آپ حضرات کی جد و جہد سے مسجد کے سامنے والے حصے میں کئی کمرے تعمیر کئے گئے ہیں۔ مسجد کے اطراف واکناف کافی کشادہ و وسیع زمین ہے جو آمدنی کا ذریعہ بن سکتی ہے۔ ابتدا ہی سے اس مسجد کے اراکین منتظمہ میں یہ شرط رکھی گئی ہے کہ اس کا صدر ہمیشہ حضرت دودھ پیراں کے

51

خاندان کا کوئی فرد ہی ہونا چاہیے۔ چناں چہ اس کے پہلے صدر حضرت امین اللہ شاہ قادری، پھر بعد حضرت زین العابدین شاہ قادری، جناب سلیم تمنائی اور جناب نصیر الدین شاہ قادری یکے بعد دیگرے صدر مقرر ہوئے۔ آج کل اس کا انتظام اڈمنسٹر کے ذریعہ ہو رہا ہے۔

۹۔ مسجد ہلال۔ عیدگاہ میدان میسور:۔

یہ خوب صورت مسجد عیدگاہ میدان کے احاطے میں ایک اونچے ٹیلے پر تعمیر کی گئی ہے۔ مسجد بلندی پر ہونے کے باعث سارے شہر کا منظر ازحد دل کش دکھائی دیتا ہے۔ مسجد سے متصل عیدگاہ ہے۔ مسجد کی تعمیر کے لیے جگہ عید گاہ کمیٹی نے دی ہے۔ اس مسجد کی تعمیر میں جن احباب نے بڑھ چڑھ کر حصّہ لیا ان میں الحاج محمد ابراھیم صاحب زہبن دار اوران کے تین بھائی کا نام قابل ذکر ہے۔ ہر ایک نے فی کس دس دس ہزار روپیہ عطیہ دیا ہے۔ دیگر احباب میں الحاج عبدالوہاب شریف صاحب فروٹ مرچنٹ۔ جناب سمیع اللہ خان صاحب بنگلور اور جناب محمد اقبال صاحب بی ای کے گراں قدر خدمات قابلِ ذکر ہیں۔ اس خوب صورت مسجد کے ڈیزائنر جناب محمد اقبال صاحب بی ای؛ ہیں۔ مسجد کے عقب میں ایک شادی محل تعمیر کیا گیا ہے اور سامنے کے وسیع حصّہ میں کامپلکس تعمیر کیا جانے والا ہے۔

۱۰۔ مرادبی مکان کی مسجد:۔

یہ مسجد میسور اور کورگ کی شاہ راہ کے کنارے ایک قدیم قبرستان بنام مرادبی مکان کے احاطے میں تعمیر کی گئی ہے۔ پہلے یہاں ایک قدیم مسجد تھی۔ اسی جگہ پر موجودہ ایک مینار کی مسجد تعمیر کی گئی ہے۔ قبرستان میں کئی مزارات ہیں جن میں ایک مزار محترمہ مرادبی صاحبہ کا ہے جہاں عرس وغیرہ ہوتا ہے۔ اسی مناسبت سے اس قبرستان کا نام مرادبی کا مکان مشہور ہے۔ اس مسجد کی تعمیر میں مرحوم محبوب خان صاحب سابق سکریٹری، میسور بنک کی خدمات قابلِ ذکر ہیں۔

۱۱۔ بڑے مکان کی مسجد

میسور بنگلور شاہ راہ پر ایک قدیم قبرستان ہے جو بڑے مکان کے نام سے مشہور ہے۔ اس مکان کا احاطہ کافی وسیع و عریض ہے۔ جس میں قدیم سے سجادہ کے مکان کے علاوہ ولی پیراں کا مزار اور اس کے مدمقابل قدیم طرزِ تعمیر کی ایک چھوٹی سی مسجد ہے۔ اس مسجد کو میسور کے مشہور تاجر مرحوم سالار مسعود صاحب نے 1890ء میں تعمیر کروائی۔ سالار مسعود صاحب میسور کے مشہور تاجر تھے۔ آج بھی اشوکہ روڈ میں ان کی دوکان سب سے پرانی دوکان ہے۔ چار پشتوں سے یہ تجارتی کاروبار جاری ہے۔ سالار مسعود کے پوتے محمد اسماعیل صاحب اور ان کے فرزند محمد سلیم سالار مسعود اینڈ سنس کے نام سے یہ کاروبار چلا رہے ہیں۔ شہر میسور کے مشہور ادیب اور مقرر پروفیسر ایم۔ اے۔ قادر صاحب اسی خاندان کے ایک فرد ہیں۔ عیدگاہ میں شالیمار ٹاکیز کے سامنے عیدگاہ سے ملحق جو وسیع میدان ہے وہ اسی خاندان کی ملکیت ہے۔ سالار مسعود صاحب کے پوتے خلیل الرحمٰن صاحب اور محمد اسماعیل صاحب نے یہ جگہ عیدگاہ کمیٹی کو بطورِ وقف دے دی ہے۔

53

میسوری مسلمانوں کے رسم و رواج

رسم اور رواج دونوں عربی کے الفاظ ہیں۔ جن کے لغوی معنی نقش، نشان، تحریر، دستور، روانی اور لین دین کے ہیں۔ اور ان الفاظ کا اصطلاحی یا مجازی معنی منگنی کے ہوتے ہیں۔ ہندوستانی مسلمانوں میں صدیوں سے کئی رسم و رواج چلے آ رہے ہیں اور جن پر کئی اہم کتابیں بھی لکھی جا چکی ہیں۔ جن میں "رسومِ دہلی" مصنف مولوی سید احمد دہلوی۔ "پھول والوں کی سیر" مصنف مرزا فرحت اللہ بیگ دہلوی 'دلّی کا آخری دیدار" مصنف مولوی محمد وزیر حسن، "گذشتہ لکھنؤ" مصنف مولوی عبد الحلیم شرر لکھنوی وغیرہ وغیرہ بہت مشہور ہیں۔ یہ رسم و رواج غم اور خوشی دونوں موقعوں میں شمالی اور جنوبی ہندوستان میں الگ الگ طریقوں سے منائے جاتے ہیں۔ جن میں لوک گیت، بینڈ باجا، آتش بازی، ناچ گانا وغیرہ وغیرہ ہوتا ہے۔ ان بے جا رسم و رواج کو مسلم معاشرے سے ختم کرنے کے لیے اگلے وقتوں میں مختلف علماء حضرات نے اہم کتابیں تصنیف کی ہیں۔ چناں چہ مولانا اشرف علی تھانویؒ نے ایک کتاب بنام" اصلاح الرسوم" تصنیف کی ہے۔ اسی طرح میسور کے ایک عالمِ دین حضرت درگاہی صاحب اپنی نظموں میں ان رسم و رواج کی سخت مذمت کی ہے۔ جس پر ہنگامے بھی ہوئے تھے۔

یہ رسم و رواج خالص ہندوستانی معاشرے کی دین ہیں۔ ان کے مسلم معاشرے میں رائج ہونے کے اسباب مولوی سید احمد دہلوی نے اپنی کتاب "رسومِ دہلی" میں درج کیا ہے۔ "مسلمانوں کے دورِ اقتدار میں لوازمِ زندگی میں نمود و نمائش معاشرے میں بناوٹ اور تکلف شادی و غمی کی تقریبوں میں عیش و غم کے ضابطے لامحدود اور لامتناہی تھے۔ موقع و محل کی مناسبت سے پوشاکیں اور زیورات بھی مختص ہوتے ہیں

اس کا سب سے پہلا سبب تو یہ ہے کہ فاتح مسلمان بادشاہ اور وزراء اپنی بیگمات کو بھی ہمراہ لائے اور پھر ان لوگوں نے یہاں کے نومسلموں کی عورتوں سے جن کی گھٹی میں ہندی قومی عقائد اور رسمیں پڑی ہوئی تھیں۔ شادیاں کیں اور یہ عورتیں اپنے قدیم رسم و رواج بھی مسلم معاشرے میں روا رکھیں۔ اور ان کی اولاد ذکور میں کسی قدر کم و بیش یہ رسمیں، عقیدے پر جمع رہے۔ جو آج تک چلے آ رہے ہیں۔ چناں چہ مغل شہنشاہ جلال الدین محمد اکبر نے استحکامِ سلطنت کی غرض سے ہندی عقائد و مراسم کو اختیار کر لیا تھا اور اس کا یہاں تک رواج ہو گیا تھا کہ وہ شہزادہ جو تخت کا حق دار خیال کیا جاتا تھا وہ آدابِ تخت ہند کے پاس و لحاظ سے ختنہ نہیں کراتا تھا۔"

مولوی سید احمد صاحب نے جو اسباب درج کئے ہیں وہ اپنی جگہ بہت درست معلوم ہوتے ہیں۔ کیوں کہ مردوں کی بہ نسبت عورتیں غم اور خوشی کے موقعوں پر زیادہ متاثر ہوتی ہیں اور وہ رسم و روایات کو محض رواجاً ادا نہیں کرتیں۔ بلکہ ان کی انجام دہی میں تن من دھن کی بازی لگا دیتی ہیں اور ان کی عقیدت مندی میں جوش اور خلوص کار فرما رہتا ہے۔

شہرِ میسور کے مسلم معاشرے میں بھی کئی قدیم رسم و رواج عام ہیں جن کے بغیر غم اور خوشی کی محفل نا تمام سمجھی جاتی ہے۔ ہم اس مضمون میں یہاں کے چند رسم و رواج کا اجمالاً تذکرہ کرتے ہیں: "

شادی و بیاہ کی رسمیں :-

.. یہاں شادی کی ابتدا منگنی سے ہوتی ہے۔ جسے چڑھاوا یا پان کا رسم بھی کہتے ہیں۔ جس میں طرفین میں پان بیڑا لیا اور دیا جاتا ہے۔ جس کو قول بیڑا کہتے ہیں۔ جمع شدہ احباب کو پان اور شکر دی جاتی ہے۔ پان خالص ہندوستان کی پیداوار ہے۔ اس کی تقسیم سے ظاہر ہے کہ یہ خالص ہندوستانی رسم ہے۔ رقعجات کی تقسیم کے بعد شادی باقاعدہ طور پر شروع ہو جاتی ہے۔ آج کل اہلِ دول رقعہ جات

پر کافی رقم خرچ کرتے ہیں۔ کسی کسی شادی میں فی رفعہ بیس 20 پچیس 25 روپیہ والا لکھی تقسیم کیا جاتا ہے۔ یہ صرف اپنی دولت کی نمائش کے سوا اور کچھ بھی نہیں۔ اگلے وقتوں کی شادیاں سات دنوں کی ہوا کرتی تھیں۔ ہر شب ایک ایک رسم ادا کی جاتی تھی جن کے نام منجے کا رسم، تیل کا رسم، ہلدی کا رسم، جلوے کا رسم، کنگن کا رسم رخصتی کا رسم۔ جس میں بینڈ باجا اور طائفہ کا ہونا ضروری سمجھا جاتا تھا۔ طائفہ میں مغنیاں دولھا کے جلوس میں ناچتے ہوئے دولھا کو نکاح گاہ تک لے جاتی تھیں۔ پھر رات بھر ناچ گانا ہوتا تھا۔ دولھا اور دلہن کو سہرا باندھنا بھی شادی کا ایک لازمی جزو ہے۔ نکاح کے بعد لڑکی کے گلے میں کالی پوت یا لچھّا، گلسر اور پاؤں کی انگلیوں میں چاندی کی انگشتریاں (چھلّے) پہنائی جاتی ہیں اور ان کو سہاگ کی ایک نشانی تصوّر کی جاتی ہے۔

ستوانسا :۔ یہ رسم خالص ہندوستانی ہے۔ ہندی میں ستوانسا کے معنے سدھوڑ کے ہیں۔ یعنی سات چیزوں کو کہتے ہیں۔ یہ رسم لڑکی کے اُمیّد سے ہونے کے ساتویں مہینے میں میکے میں ادا کی جاتی ہے۔ جس میں لڑکی کی گود سات چیزوں سے بھرتے ہیں۔

نومانسا :۔ یہ رسم بھی خالص ہندوستانی ہے اور یہ رسم لڑکی کے میکے میں نو 9 مہینے میں ادا کی جاتی ہے۔ جس میں لڑکے اور لڑکی کی گود بھری جاتی ہے۔

چھلّے کی رسم :۔ یہ رسم لڑکی کے میکے میں نومولود کے چالیسویں 40 دن ادا کی جاتی ہے۔ بچّہ کو جھولے میں ڈال کر دولھا کو تحفے تحائف دیتے ہیں۔

آج کل گھوڑے جوڑے کا رواج بھی ایک وبا کی شکل اختیار کر گیا ہے جس کے سدِّباب کے لیے بھی علماء حضرات کوشاں ہیں۔ یہ تمام رواج خالص ہندوستانی ہیں۔ ویسے کچھ کچھ گھرانوں میں ان رواجوں کا خاتمہ ہو گیا ہے۔ مگر ماسترے میں علم

طور پر رائج ہیں۔

مذہبی رسم و رواج

بیوی کی سانک :- یہ رسم بھی خالص ہندوستانی ہے اور خاتونِ جنت حضرت فاطمۃ الزہرہؓ کی نیاز سے مراد ہے۔ اس کا رواج عہدِ جہانگیری میں اس کی ایک راجپوت بیوی جودہ بائی شاہجہاں کی ماں سے مراد ہے۔ اس میں چونے کی شیر برنج کھانا لازمی ہے اور یہ سیّد ہونے کی علامت سمجھا جاتا ہے۔

شب برات :- ماضیٔ قریب میں شب برات میں مسلم معاشرے میں زوردار آتش بازی ہوتی تھی جس میں کبھی کبھی جان سے بھی ہاتھ دھونا پڑتا تھا۔ مگر آج کل آتش بازی کا رواج بہت کم ہوتا جارہا ہے۔

ختنہ کے رسم و رواج :- اسلام میں ہر مسلمان کو ختنہ شدہ ہونے کی تاکید کی ہے۔ اس تاکید پر عمل کرتے ہوئے خوش حال تعلیم یافتہ مسلم گھرانوں میں بچّہ کی پیدائش کے ساتویں دن بچّہ مختون کیا جاتا ہے۔ اس کے ساتھ ہی ساتھ بچّہ کا عقیقہ بھی کیا جاتا ہے۔ مگر یہاں چند گھرانوں میں ختنہ کا زخم چنگا ہو جانے کے بعد بچّہ کو نہلا دھلا کر لباسِ فاخرہ پہنایا جاتا ہے اور شب میں اس بچّے کو گھوڑے یا موٹر کار میں سہرا باندھ کر دولھا کی طرح جلوس نکالا جاتا ہے۔ جس کو یہاں ختنہ کے نوشاہ کا جلوس کہتے ہیں۔ اس جلوس میں بینڈ باجا اور آتش بازی کا ہونا لازمی سمجھا جاتا ہے۔

کنڈوں کی نیاز :- (دیور کے فاتحہ) اس نیاز کا رواج ہندوستان بھر میں ہے۔ عموماً رجب کی بائیسویں ۲۲ تاریخ ادا کی جاتی ہے۔ اس نیاز میں گوشت کا سالن یا گوشت سے پکائی ہوئی چیزوں کا رکھنا ممنوع سمجھتے ہیں۔ اور اس نیاز کی خاص خصوصیت یہ ہے کہ دسترخوان پر لال مٹی کے کنڈوں میں پوریاں، شیر برنج، پھل، ملیدہ، کھیڑی، بغیر گوشت کا

سالن وغیرہ رکھے جاتے ہیں۔ اور ان کی تیاری میں طہارت کا خاص خیال رکھا جاتا ہے اور تیار کرنے والے بھی با طہارت ہو کر تیار کرتے ہیں۔ اسی طرح مدعوین بھی با طہارت عقیدت مندان طور سے شریک ہو کر کھاتے ہیں۔ یہ نیاز عوام وخواص میں امام جعفرِ صادق علیہ السلام کی نیاز کہلاتی ہے۔ اس میں ایک واقعہ بنام "لکڑہارے کی کہانی" پڑھی جاتی ہے جس میں امامؑ کے اعجاز سے دکھ زدہ لکڑہارا خوش حال اور تونگر ہو جاتا ہے۔ اس نیاز کی ادائیگی شیعہ اور سُنّی دونوں کرتے ہیں۔

آثارِ شریف کے رسم و رواج

میسور کے بعض قدیم گھرانوں میں حضورِ اکرم صلی اللہ علیہ وسلم کے موئے مُبارک اور قدم ہائے مبارک اور آپؐ کے اہلِ بیتِ کرامؓ کے مخطوطات، از ختمِ قرآنِ مجید اور دُعائے ماثورہؑ از جناب سیدہ فاطمہ زہرہؓ وغیرہ موجود ہیں۔ جنھیں خاص موقعوں پر زیارت سے مشرف کرنے کے لیے مسلمانوں کو اذنِ عام دیا جاتا ہے اور حاضرین میں شیرنی وغیرہ تقسیم کی جاتی ہے۔ حضورؐ کے موئے مُبارک مسجدِ باغبان، مسجدِ اعظم، مسجدِ میمنان، مسجدِ اقصیٰ، گنبدِ شاہی سری رنگ پٹن، حضرت دودھ پیراں کے مکان وغیرہ جگہ موجود ہیں۔ بمقام رشکِ بہشت میں ہرن کے چمڑے پر تحریر کردہ کچھ اجزاء موجود ہیں۔ جس کے کاتب مولا مشکل کشا حضرت علی علیہ السلام بتلائے جاتے ہیں۔ اور اسی جگہ جمادی الاول کی بیسویں تاریخ کو جو کہ جناب سیدہ کی تاریخ ولادت ہے آپ کی تحریر کردہ دُعا کی زیارت صرف مستورات کرتے ہیں اور یہاں مردوں کا داخلہ ممنوع ہے۔ حتیٰ کہ حاملہ عورت بھی اس کی زیارت سے محروم رہتی ہے۔ اس کے اطراف میں خاص طور پر پردے کا اہتمام کیا جاتا ہے۔ جس میں زائرات اپنی حیثیت کے مطابق نذرانہ تبرک لے جاتی ہیں اور مراد مندان اپنی مراد کے بر آنے پر نذرانہ چڑھاتی ہیں۔ یہ تقریب یہاں کے شیعوں کی مقامی بولی میں آخر کی بیسویں کہلاتی ہے۔

گیارھویں شریف کا رواج

میسور میں قطب الاقطاب حضرت غوث الاعظم دستگیر پیرانِ پیر کی ولادت

مبارک کا جشن بھی بڑی عقیدت سے گھر گھر میں حیثیت کے مطابق منایا جاتا ہے۔ جس میں گھر گھر میں کتاب کی پڑھائی کا رواج عام ہے۔ یہ پڑھائی گیارہ دن تک جاری رہتی ہے۔ جس کے اختتام پہ عقیدت مند اپنی حیثیت کے مطابق دعوتِ طعام کرتا ہے۔ قدیم زمانہ سے یہاں فقراء حضرات اس مہینے کے ابتدائی دنوں میں حضرت کا نشان لے کر شہر کی گلی کوچوں میں دف بجاتے اور حضرت کی شان میں قصیدے پڑھتے ہوئے نکلتے ہیں۔ ماضیٔ قریب میں سری رنگ پٹن میں دستگیر کے مہینے میں گیارہویں تاریخ کو ایک شان دار جلوس کا انتظام کیا جاتا ہے۔ جس میں عقیدت مند اپنے اپنے نشان گنجام کے ایک مخصوص علاقے میں لاکر چڑھاتے تھے۔ اور رات بھر یہ سلسلہ جاری رہتا ہے۔ جس میں شہر میسور کے بالخصوص مستورات کی کثرت رہتی ہے۔ پھر علی الصباح گنبدِ شاہی کے علاقے میں دعوتِ طعام کا انتظام کیا جاتا ہے۔ ماضیٔ قریب تک فقراء کا جلوس راج محل کے اندر حضرت کا نشان لے کر دف بجاتے جاتا تھا جہاں انھیں نذرانہ دے کر وداع کیا جاتا تھا۔ اگلے وقتوں میں شادی کی ابتدا بھی فقراء کے کھانے سے ہوتی تھی جس میں فقراء دولھا اور دلھن کے گھر میں دف بجا کر حمد و نعت گاتے تھے۔

عید المیلاد کا رواج

حضرت ختم المرتبتؐ کی ولادت کی تاریخ مسلمانوں کے مختلف فرقوں میں مختلف ہے۔ اہلِ سنّت حضرات کے یہاں حضورؐ کی پیدائش کی تاریخ ۱۲ ربیع الاول ہے اور شیعہ حضرات کے یہاں سترہ ربیع الاول مستند سمجھی جاتی ہے۔ ان دونوں فرقوں میں ان دونوں تاریخوں میں اپنے اپنے طور پر حضرتؐ کی پیدائش کا مبارک جشن شاندار پیمانے پر مناتے ہیں۔ میسور میں میلاد پارک میں ایک شاندار جلسہ منعقد ہوتا ہے۔ جس میں مختلف مکاتیبِ خیال کے بلند پایہ مقررین کو مدعو کر کے اُن کے بیانات رکھے جاتے ہیں۔ اس جلسہ کا آغاز عصر کی نماز کے بعد ہوتا ہے۔ اس میں شہر بھر کے مسلمان عقیدت مندانہ انداز سے شریک ہوتے ہیں۔ جلسے کے اختتام پر لوگ پھولوں کی چاندنی کے تلے نعت و حمد پڑھتے ہوئے جلوس کی صورت ساڈے رود سے گزرتے ہوئے وقفہ

بہ وقفہ نعرۂ تکبیر بلند کرتے ہوئے اپنے اپنے محلّوں کو جاتے ہیں۔ پورا راستہ مختلف رنگوں کے قمقموں سے سجایا جاتا ہے اور راستے کے دونوں طرف ہزاروں لوگ اس جلوس کا نظارہ کرتے ہیں۔ مولود کے مہینے کی ابتداء سے محلّے محلّے میں مولود پڑھائی جاتی ہے جو بارہ ربیع الاول کی رات تک جاری رہتی ہے۔

محرم میں علموں کا رواج

ہندوستان میں ایام محرم میں علموں کو ایستادہ کرنا لوازمات محرم کا ایک اہم ترین جز سمجھا جاتا ہے۔ لفظِ محرم کے زبان پر آتے ہی عزاخانوں اور علموں کا نقشہ آنکھوں میں پھر جاتا ہے۔ علم ہائے مُبارک کے ایستادہ کرنے کا رواج ہندوستان بھر میں صدیوں سے چلا آرہا ہے۔ اور یہ مختلف جگہوں پر مختلف صورتوں سے ایستادہ کئے جاتے ہیں۔ اور ایستادہ کرنے والے شاید یہ سمجھتے ہوئے ایستادہ کرتے ہوں گے کہ اس سے غمِ حُسینؓ تا ابد زندہ و پائندہ رہے گا۔ یہاں ہم اُن علم ایستادہ کرنے والوں کی اس غایت پر اپنی عقل و دانش کے مطابق روشنی ڈالنے کی کوشش کریں گے۔

معرکۂ کرب و بلا حق و باطل کا ایک فیصلہ کُن معرکہ ہے جس میں باطل کو باوجود اس کی تمام تر مادی طاقتوں کے حق کے مقابلہ میں ہار ماننی ہی پڑی جو اپنی نوعیت کا ایک عظیم ترین واقعہ ہے۔ جس کی مثال تاریخ عالم میں ناپید ہے اور ہمارے نزدیک بھی یہ واقعہ یاد رکھنے کے قابل ہے۔ علموں میں بزرگوں نے جو علامات اور نشانات بنائے ان سے اس عظیم واقعہ کے سمجھنے اور اسے یاد کرنے اور اس پر عمل کرنے میں مدد ملتی ہے۔ بزرگوں نے علم ہائے مُبارک مختلف صورتوں کے بنائے ہیں۔ ان میں زیادہ تر علم ہاتھ کے پنجوں سے مشابہ ہوتے ہیں۔ جن کے اُوپری حصّے میں پانچ انگلیوں کی شبیہ ہوتی ہے۔ جس کا مطلب امام حُسینؑ کی بیعتِ یزید سے انکار کی یاد تازہ ہوجاتی ہے۔ اور ذہن واقعۂ کربلا کی طرف منتقل ہوجاتا ہے۔ اور حق کی فتح اور باطل کی شکست اور اُن کے اثرات اس پر مرتسم ہوتے ہیں۔

ہمارے یہاں میسور میں عموماً علم ہائے مبارک کو ایک چوکی میں سوراخ کر کے اس میں بانس یا لکڑی کی چھڑی نصب کر کے ایک سرے میں علموں کو پیوست کر کے ایستادہ کرتے ہیں۔ اور یہ چھڑی نیزہ کہلاتی ہے۔ اس طرح نیزوں پر علم ہوتے ہیں اور اس بانس یا چھڑی کو ایک قیمتی کپڑے سے ڈھانک دیا جاتا ہے۔ اس کپڑے کو یہاں شملہ یا پٹکا کہتے ہیں۔ ہمارے نزدیک علم کا یہ نیزہ علامت ہے اس نیزے کی جس سے حسینؑ مظلوم کے کڑیل جوان فرزند شہزادہ علی اکبرؑ کے کلیجے کو سنان ابنِ انس نے چھید کر شہید کیا تھا یا اس نیزے کی جس پر امامؑ کے سر کو بلند کیا گیا تھا۔ اور علم پر ڈھانکا ہوا وہ کپڑا جسے شملہ کہتے ہیں، علامت ہے ان مخدراتِ حسینی کی بے پردگی کی جنھیں بے مقنع و چادر بعدِ شہادتِ امامِ غریب دیار بہ دیار پھرایا گیا تھا۔ اسی طرح وہ علم جن پر تیر یا تلوار کی شبیہیں بنی ہوی ہیں یہ علامات ہیں امامِ مظلومؑ کے شش ماہہ بچّہ شہزادہ علی اصغرؓ کی شہادت کی جن کو فوجِ یزیدی کے ایک ماہر تیر انداز حرملہ بن کاہل نے اپنے تیرِ سہ شعبہ سے باپ کے ہاتھوں پہ شہید کیا تھا اور تلوار کی شبیہ علامت ہے حسینِؑ مظلوم کے سہ روزہ بھوک و پیاس کے عالم میں شمرِ ذی الجوشن کی اس ناپاک چھری کی جس سے آپؑ کے قاتل شمر نے آپؑ کا سرِ اطہر پشت گردن سے کاٹا تھا۔ اس طرح یہاں کے تمام عزاخانوں میں پانی یا شربت پلایا جاتا ہے جس کو یہاں سبیل کہتے ہیں۔ یہ قدیم رواج علامت ہے مظلوم امامؑ اور آپؑ کے قافلے والوں کی سہ روزہ بھوک و پیاس کی طرف جو ساتویں محرم تا شامِ غریباں ان پر روا رکھی گئی تھی۔ اس طرح یہاں کے ہر عزاخانے جن میں الاوہ ہوتے ہیں۔ جن میں آگ روشن کر کے خصوصاً شبِ عاشورہ علموں کے ساتھ اس آگ پر سے گزرتے ہیں یا ان کے گرد طواف کرتے ہیں۔ یہ طواف علامت ہے اس طلایہ گردی اور یہ آگ علامت ہے اس آگ کی جو شب عاشور حسینی خیموں کی حفاظت کے لیے خیموں کے اطراف خندق کھود کر روشن کی گئی تھی۔ اور جسکی حفاظت کیلئے ہاشمی جوان شبِ عاشورہ طلایہ گردی کر رہے تھے۔ یا اس آگ کی شبِ عاشورہ حسینی خیموں کو لگائی گئی تھی۔ اسی طرح یہاں ایام محرم محبانِ حسینؑ مظلوم میں اسیر ہونے کا رواج عام ہے جس کو بندی ہونا بھی کہتے ہیں۔ اس میں عام گلے میں سبز یا سرخ رنگ کا کسے دھاگے کی لڑی پہنتے ہیں۔ یا

عزاخانوں میں زنجیر سے اپنے ہاتھ پیر بندھوا کر علموں کے ساتھ ساتھ چلتے ہیں۔ یہ رواج بھی علامت ہے۔ امامِ مظلومؑ کے بیمار فرزند عابدؑ مظلوم کی اسیری کی جن کو بعدِ شہادت سردارِ کربلا پابہ زنجیر بے کجاوہ اونٹوں کے قافلے کے سالار کی حیثیت سے کربلا تا شام کشاں کشاں لے جایا گیا تھا۔

اسی طرح یہاں ایک رسم پھولوں کی چادر اور پھولوں کا سہرا بھی ہے یہ رسم خالص ہندوستانی رواج کی آئینہ دار ہے۔ کیوں کہ روایت ہے کہ حضرتِ قاسم جو حضرت امام حسنؑ کے فرزند اور امامِ مظلومؑ کے بھتیجے تھے ان کا عقد اپنے بھائی کی وصیت کے مطابق کربلا میں امام مظلومؑ کی دختر سے ہوا۔ حضرت قاسم بھی شہید ہوئے۔ اسی یادگار کا سہرا علم پر باندھ کر منایا جاتا ہے۔ ہندوستانی رسم و رواج کے اعتبار سے عقدِ قاسم کی یاد میں مہندی تیار کی ہے جو جلوس کی شکل میں ہندوستان کے بعض علاقوں میں نکالی جاتی ہے۔

انہیں شبیہوں میں امامِ مظلوم کے ذوالجناح کی بھی شبیہہ ہوتی ہے جس پر سوار ہو کر آپ قتل گاہ گئے اور زخموں سے چور ہو کر زمین پر آئے۔

ان تمام تبرکات اور شبیہوں کا تعلق صرف خاص مراسمِ اعزاداریٔ امام مظلومؑ سے ہے۔ یہ محض علامات اور رسوم ہیں۔ ان سے ہٹ کر ان کی شرعی اہمیت و حیثیت اہلِ شرع ہی جانیں۔

میسور کی چند تاریخی عمارتیں

میسور ایک قدیم تاریخی شہر ہے۔ پہلے یہ ایک چھوٹا سا گاؤں تھا جو ارتقائی منازل طے کرتے ہوئے آج کرناٹک کا ایک عظیم ترین شہر بن گیا ہے۔ یہ شہر ایک مدّت تک ہندو راجاؤں، مسلم حکمرانوں اور انگریزوں کے ماتحت رہا۔ ان حکمرانوں نے اپنے اپنے ادوارِ حکومت میں چند خاص تاریخی عمارتیں بنوائی تھیں جو اپنی عظمتِ رفتہ کی شاہد ہیں جن کا وجود و بقا اس شہر کی ماضی کی تاریخ کا ایک باب ہے۔ یہاں ہم ان میں سے چند ایک کا تذکرہ کرتے ہیں۔

رنگا چارلو میموریل ٹاؤن ہال

یہ تاریخی یادگار عمارت راج محل کے شمالی صدر دروازے کے مدّمقابل تعمیر کی گئی ہے۔ اس سے قریب سلور جوبلی گھنٹہ گھر (بڑی گھڑ یال) واقع ہے۔ اس تاریخی یادگار عمارت کا سنگِ بنیاد آنجہانی مہاراجہ چامراج وڈیر بہادر نے 20 رجون 1881ء میں آپ کے دیوان رنگا چارلو کے نام پر رنگا چارلو میموریل ٹوں ہال رکھا۔

آنجہانی رنگا چارلو 1831ء میں مدراس میں پیدا ہوئے۔ غریب گھرانے میں جنم لیا تھا۔ زندگی کا ابتدائی زمانہ عسرت میں بسر ہوا۔ چند کرم فرماؤں کی تائید سے تعلیم مکمل کی اور 1850ء میں سرکاری ملازمت حاصل کی۔ ذاتی قابلیت لگن اور محنت سے نام پیدا کیا اور نوکری میں ترقی حاصل کی۔ آپ کی ذہانت اور قابلیت کے مدِّنظر انگریزی سرکار نے آپ کو مدراس سے میسور راج محل کے خزانے کا آفیسر بنا کر بھیجا تھا۔ آپ نے یہ خدمت حسن و خوبی سے انجام دی جس کے نتیجے میں راج محل کے اخراجات میں نمایاں تخفیف ہوگئی۔ آپ کی لکھی ہوی کتاب بنام "ففٹی ایرس آف ایڈمنسٹریشن ان میسور"

"FIFTY YEARS OF ADMINSTRATION IN MYSORE" کو انگریزوں نے لنڈن سے شائع کروائی۔ جب 1881ء میں چامراج وڈیر بہادر کو میسور کا راجہ بنایا گیا تو آپ نے رنگا چارلو کو ریاست کا پہلا دیوان مقرر کیا۔ اگرچہ آپ کا دورِ دیوانی صرف دو سال رہا مگر آپ نے ان دو سالوں کے مختصر سے عرصہ میں کئی رفاہِ عام کے کام انجام دئیے ہیں۔ جس سے ریاست میں خوش حالی کو فروغ حاصل ہوا۔ اُسی زمانہ میں بنگلور سے ٹیپٹور تک ریلوے لائین بچھائی گئی۔ آپ کے دَور کا عظیم کارنامہ عوامی نمائندوں کی کمیٹی کی تشکیل ہے، جو 7 را کتوبر 1881ء میں قائم کی گئی۔ اور یہ کمیٹی ایک سو چودہ نمائندوں پر مشتمل تھی۔ آپ نے راج دربار میں کنڑی سنسکرت کے جید علماء کو جمع کیا تھا۔ اور آپ کی ایماء پر سنسکرت کے ایک عالم بسویّا شاستری نے کالی داس کا مشہور ڈرامہ شکنتلا کا کنڑ زبان میں ترجمہ کیا تھا، جس پر مترجم کو کنڑ کالی داس کے خطاب سے نوازا گیا تھا۔ وظیفہ یابی کے بعد 20 رجون 1883ء میں آپ کی موت مدراس میں واقع ہوی آپ کی ایک قد آدم تصویر ٹاؤن ہال کی دیوار پر آویزاں ہے۔

لارڈ ولنگٹن لاڈج

یہ تاریخی عمارت سنٹرل پولیس اسٹیشن، میسور سے متصل اروِن روڈ کے کنارے واقع ہے۔

اس عمارت کو سری رنگ پٹن کی بربادی کے بعد انگریزی سرکار نے میسور میں لارڈ ولنگٹن ولزلی کے قیام کے لیے 1800ء میں تعمیر کرائی تھی۔ چوں کہ یہ عمارت زیادہ بوسید ہوگئی تھی اس لیے مقفل کردی گئی ہے۔ اس میں برسہا برس تک پراکیٹنگ اردو مڈل اسکول (اے۔ایچ۔پی۔) چلتی تھی، پھر بعد ایک عرصہ تک اس میں ڈپٹی ڈائرکٹر آف اسکول کا دفتر تھا۔ اس عمارت کے چاروں طرف ایک بڑا میدان تھا جس کے ایک حصے میں ٹی کچری منتقل کی گئی ہے۔ لارڈ ولنگٹن ولزلی کا دفتر اس عمارت میں تھا جو اس عمارت کا جواب ہے۔ جس میں ایک عرصہ سے ٹیچرس ٹریننگ کالج ہاسٹل واقع ہے۔

لارڈ ولنگٹن ولزلی گورنر جنرل ولزلی کا چھوٹا بھائی تھا اور ٹیپو سلطانؒ کے کٹّر دشمنوں میں سے ایک تھا۔ میسور کی چوتھی جنگ میں یہ بھی ایک انگریزی فوج میں شامل

تھا۔ روایت ہے کہ اس کی تمنا سلطان کو زندہ گرفتار کر کے لندن لے جانے کی تھی تسخیرِ سری رنگ پٹن کے بعد ولزلی کا قیام ایک مدت تک دریا دولت باغ کے محل میں تھا۔ یہی وجہ تھی کہ یہ محل انگریزوں کی تاخت و تاراج سے محفوظ رہ گیا ورنہ یہ بھی ٹیپو سلطان شہیدؒ کی دیگر یادگاروں کی طرح غارت کر دی جاتی۔ ولزلی کی فوجی خدمات سے خوش ہو کر کمپنی سرکار نے اس کو لارڈ ولنگٹن کا منصب عطا کیا تھا۔ اور یہ منصب آج بھی اس کے خاندان والوں میں بحال رکھا گیا ہے۔ سری رنگ پٹن کا پُل جسے دیوان پورنیا نے بنوایا تھا وہ پُل اسی ولزلی کے نام سے آج بھی موسوم ہے۔ اُس پُل کی تاریخ تعمیر کے کتبے انگریزی اور کنڑی زبان میں پتھر پر کندہ ہے۔ جن پر ۱۸۰۴ء درج ہے۔ چوں کہ یہ پُل بہت بوسیدہ ہو گیا تھا اور زیادہ کشادہ بھی نہیں تھا اس لیے حال میں اس سے متصل کشادہ نیا پُل تعمیر کیا گیا ہے۔ کہتے ہیں کہ لارڈ ولنگٹن لہو ولعب کا دلدادہ تھا اور اس کے شب و روز عیاشی میں بسر ہوتے تھے۔ ہمیشہ ہاتھی پر سوار ہو کر سیر کے لیے نکلتا تھا مسلمانوں پر ظلم و ستم ڈھانا اس کا محبوب مشغلہ تھا۔ میسور میں یہ چھ سال تک مقیم رہا۔ چند برس پہلے اس کے خاندان کا ایک فرد گنبدِ سلطانی کی زیارت کے لیے سری رنگ پٹن آیا تھا اور چند تاریخی دستاویزات ٹیپو سلطانؒ میوزیم کو بطورِ عطیہ عنایت کیں۔ اس کی ایک قدِ آدم تصویر مدراس فورٹ ولیم آرٹ میوزیم میں آویزاں ہے۔

ٹیپو سلطانؒ کا محل

شہرِ میسور میں یہ تاریخی محل سواڑی روڈ پر واقع ہے۔ روایت ہے کہ یہ محل ۱۷۸۴ء میں سلطان کے حکم پر تعمیر کیا گیا۔ اور اس کے بالمقابل ایک مسجد بھی تعمیر کرائی جو نواب صاحب کی مسجد کے نام سے مشہور ہے۔ اس مسجد کی تعمیر دوبارہ ہوی تو اس کا نام حضرت پیر جماعت علی شاہ مرحوم نے 'زینت المساجد' رکھا۔ جس سے ۱۳۴۴ھ نکلتی ہے۔ سلطانؒ کی شہادت کے بعد آپ کے ماموں نواب میر محمود علی خان نے اس محل کو اپنی ملکیت قرار دیتے ہوئے اس میں سکونت اختیار کر لی

اس خاندان کے ایک فرد نواب میر کریم الدین علی خان نے اس محل کے ایک حصّے کو کنڑی اسکول کے لیے بطورِ عطیہ دیا جسے ذمہ داران اسکول نے ڈھا کر اس جگہ ایک نئی عمارت تعمیر کی ہے۔ جس میں انھیں کے نام سے K.M.N بالابودنی (نواب کریم الدین) گورنمنٹ اسکول چل رہا ہے۔ اس محل کے بقیہ حصوں کو بھی اس کے علایقین نے ایک ایک کر کے فروخت کر دیا۔ مگر اس کا ایک حصہ جو سابق صورت میں باقی رہ گیا ہے اس میں ایک عرصہ سے اردو پرائمری اسکول چل رہا ہے۔ مگر یہ حصہ بھی ایک ہندو مٹھ کو فروخت کر دیا گیا ہے۔ اس حصّہ کو محکمۂ آرکیالوجی میں شامل کر کے اس میں ٹیپو سلطانؒ شہید کا ایک میوزیم کھلوانے کے لیے اسی خاندان کے ایک ذی وقار فرد مرحوم نواب میر نصیر الدین علی خان سابق میونسپل کونسلر میسور نے انتھک کوششیں کیں تھیں مگر آپ کی ناوقت موت سے آپ کی یہ کوششیں بارآور نہ ہو سکیں۔ محل کے اس حصّے میں ایک چوبی بارہ دری، ایک کمرہ اور دو چار چوبی کمانیں باقی رہ گئی ہیں۔

راج محل میسور

ٹیپو سلطانؒ کی شہادت کے بعد انگریزوں نے 1801ء میں میسور کے تخت پر کرشنا راج وڈیر سوم کو بحیثیت راجہ تخت پر بٹھایا تو دیوان پورنیّا نے تاجپوشی کی تقریب کے لیے میسور میں چوبی محل بنوایا تھا۔ یہ محل شہزادی لکشمنی کی شادی کی تقریب کے موقعہ پر آگ لگ جانے سے جل کر خاکستر ہو گیا۔ اس چوبی محل کی تصویر راج محل کے ایک صدر دروازے کی دیوار پر بنی ہوی ہے۔ اس محل کے جل جانے کے بعد اسی جگہ پر موجودہ راج محل کی تعمیر کا کام 1897ء میں شروع کیا گیا جو 1912ء میں تکمیل کو پہنچا۔ (راج محل کا تفصیلی ذکر داستانِ میسور میں درج ہے) میسور راج محل کا شہرۂ آفاق تہوار دسہرہ ہے۔ اور یہ تہوار وجیانگر کے راجاؤں کی دین ہے۔ اس تہوار کا تفصیلی ذکر وجیانگر کے راجا (راجہ کرشنا دیو رایا کے دربار سے وابستہ ایرانی سفیر عبدالرزاق نے اپنے سفرنامے میں تفصیل سے ذکر کیا ہے۔ میسور پر ایک

عرصہ تک وجیانگر کے راجاؤں کے قبضہ میں تھا اور وجیانگر کا گورنر سری رنگ پٹن میں مقیم تھا۔ اس گورنر نے میسور کے وڈیر راجہ کو تخت جو بطور تحفہ دیا تھا اس پر آزادئ ہند تک وڈیر راجہ ہر سال دسہرے میں جلوہ افروز ہوتے تھے۔ اور وجیانگر کے راجاؤں کے تتبع میں دسہرے کی تقریب بڑے شان دار پیمانے پر میسور کے راج محل میں منانے لگے۔ اور وہ رواج آج بھی جاری وساری ہے مگر دورِ راجگان کی سی شان وشوکت باقی نہیں رہی۔

جگن موہن پیالس

آنجہانی مہاراجہ کرشناراج وڈیر کی شادی کی تقریب کے سلسلہ میں یہ محل 1900ء میں تعمیر کیا گیا۔ اس پیالس میں 1902ء میں مہاراجہ موصوف کی تاج پوشی بھی ادا کی گئی۔ نیز 1907ء میں شہر میں پہلے پہل برقی قمقمے لگائے گئے تو اس کی جشنِ افتتاح اسی پیالس میں راجہ موصوف کے ہاتھوں ہوئی تھی۔ ابتدائی دور میں اس عمارت میں کانوکیشن کے اجلاس منعقد ہوتے تھے۔ آج کل اس پیالس میں آرٹ میوزیم قائم کیا گیا ہے۔

گورنمنٹ گیسٹ ہاؤز:۔

سلطانؒ کی شہادت کے بعد کرنل ولکس میسور کا رزیڈنٹ مقرر ہوا۔ اس نے 1800ء میں اس تاریخی عمارت کا سنگِ بنیاد رکھا جو 1805ء میں تکمیل کو پہنچا۔ اس عمارت کا نقشہ نویس کیپٹن دی ہیوی لینڈ تھا۔ یہ وہی نقشہ نویس تھا جس نے سری رنگ پٹن میں ہلتی جھولتی کمان بنائی تھی۔ اسی دور میں اس عمارت کے بالمقابل تعلق کچہری کی عمارت تعمیر کی گئی۔ جس میں آج بھی تعلق کچہری قائم ہے۔

اٹھارہ کچہری

یہ تاریخی عمارت میسور مرکرہ روڈ کے کنارے کو کرہلی تالاب کے عقب میں واقع ہے اس عمارت کے اطراف واکناف یونی ورسٹی آفس، مہارانی کالج، اورینٹل لائبریری، مہاراجہ اسکول کی عمارتیں واقع ہیں۔ یہ تاریخی عمارت سر جیمس ڈبوڈسن گارڈن کی

رزیڈنسی کے دَور میں 1881ء تا 1882ء تعمیر کی گئی۔ اور وہ زمانہ چامراج وڈیر کی حکومت کا ابتدائی زمانہ تھا۔ سر ڈیوڈسن گارڈن 1871ء تا 1873ء میسور کا چیف کمشنر رہا اور 1878ء تا 1881ء میسور کا رزیڈنٹ مقرر ہوا۔ اس کا مجسمہ (پتلا) اٹھارہ کچہری کے صدر دروازے کے سامنے نصب ہے۔ اس کچہری کی عمارت کے کنٹراکٹر حضرت عمر خان صاحب مرحوم تھے۔

مہاراجہ کالج

یہ عمارت بھی ایک قدیم تاریخی عمارت ہے۔ اس 1800ء تا 1802ء چامراج وڈیر بہادر کے دورانِ حکومت تعمیر ہوئی۔ یہ ریاست کا پہلا ڈگری کالج تھا۔ اس ابتدائی دَور میں ریاست بھر میں صرف چالیس ہائی اسکول تھے۔ اس کالج میں بین الاقوامی شہرت یافتہ اساتذہ میں ڈاکٹر رادھا کرشنن، پروفیسر رولو، پروفیسر واڈیا، ڈاکٹر ایکلٹن، ڈاکٹر گوپال سوامی، ڈاکٹر کرشنا، پروفیسر عباس شوستری وغیرہم کے نام اہم ہیں۔

اورینٹل ریسرچ لائبریری

او۔ آر۔ ائی اس عمارت کو آنجہانی مہاراجہ چامراج وڈیر بہادر نے 1887ء میں ملکۂ وکٹوریہ کی جوبلی کے موقعہ پر تعمیر کرائی تھی۔ اس عمارت میں بیش بہا سنسکرت مخطوطات محفوظ ہیں۔ یہ عمارت انگریزی اور ہندوستانی طرزِ تعمیر کا بہترین نمونہ ہے۔ جو مہاراجہ کالج کے عقب میں واقع ہے۔

رشکِ بہشت

رشکِ بہشت اس عمارت کا تاریخی نام ہے جس سے ۱۲۲۷ھ نکلتی ہے۔ یہ عمارت منڈی محلہ نزدِ منڈی مارکٹ واقع ہے۔ اس کے اطراف واکناف شیعہ برادری آباد ہے۔ اور منشی محلّہ کے نام سے مشہور ہے۔ اس عمارت کو سابق سرکار نے منشی زین العابدین عابد کے قیام کے لیے تعمیر کرائی تھی۔ اس عمارت کا تفصیلی ذکر "داستانِ میسور" حصہ اول میں درج ہے۔

جامع مسجد

اس تاریخی مسجد کو دیوان پورنیا نے میسور کے مسلمانوں کے لیے 1805ء میں تعمیر کرائی تھی۔ اور اس کے پہلے متولی منجم غلام حسین عاصی مقرر کئے گئے تھے۔ اس مسجد کی دوبارہ تجدید 1912ء میں آنجہانی مہاراجہ کرشنا راج وڈیر بہادر کے دورِ حکومت میں ہوی۔ اس مسجد کا تفصیلی ذکر "داستانِ میسور" میں درج ہے۔

پرسنا وینکٹا رامناّ سوامی مندر

اس تاریخی مندر کو آنجہانی مہاراجہ کرشنا راج وڈیر سوم نے 1825ء میں راج محل کے قلعے کے اندر تعمیر کروایا تھا۔ اس کی چھت اور دیواروں پہ نایاب تصویریں بنی ہوی ہیں۔ جن میں وڈیر خاندان کے بارہ راجاؤں کی تصاویر شامل ہیں۔ جس میں ہر راجہ کی تصویر کے نیچے اس راجہ کی حکومت کا زمانہ سال مہینوں اور دنوں میں درج کیا گیا ہے۔

چامنڈیشوری دیوی کا مندر

یہ مندر ایک قدیم تاریخی مندر ہے جس کی قدامت کے متعلق مشہور ہے کہ یہ مندر صدیوں سے چامنڈی پہاڑی پہ واقع ہے۔ اس مندر کا گوپرم (مینار) کرشنا راج وڈیر سوم نے ننجنگڈھ اور چامراج نگر کے منادر کے گوپرموں کی طرز پر تعمیر کروایا۔ اس کا گوپرم میسور سے بیس 20 میل کے فاصلہ سے دکھائی دیتا ہے۔ میسور کا شاہی خاندان اسی دیوی کی پوجا کرتا آرہا ہے۔

بڑی گھڑیال:-

یہ گھڑیال آنجہانی مہاراجہ کرشنا راج وڈیر کی سلور جوبلی کی یادگار ہے۔ جس کو سر مرزا محمد اسمٰعیل کے دورِ دیوانی میں تعمیر کروائی گئی۔ ٹاؤن ہال کے سامنے شاہی محل کے صدر دروازے کے مدِمقابل ایک اونچے مینارہ کے چاروں طرف بڑے بڑے گھڑیال لگائے گئے ہیں۔ جن کے گھنٹوں کی آواز دور دراز کے محلوں تک سنائی دیتی ہے۔ اس مینار کے نچلے حصے میں چار زبانوں میں کتبے لگائے گئے ہیں۔ جن سے ایک اردو زبان میں ہے۔ شاید یہ شہر میسور کا پہلا اردو کتبہ ہوگا اس گھڑیال کے اطراف کے علاقے میں کبھی زیادہ مسلمان آباد تھے۔ اس علاقہ کو لوگ آج بھی بڑی گھڑیال ہی کہتے ہیں۔

میسور میں اردو طباعت

اردو طباعت کا آغاز مدراس میں سنہ 1840ء میں اور بنگلور میں سنہ 1848ء میں ہوا۔ اس سے قبل جنوبی ہند اور شہرِ میسور میں مخطوطات رائج اور متداول تھے۔

شہرِ میسور میں اردو ادب کا آغاز دینی تصانیف سے ہوا۔ سب سے پہلے مرزا زین العابدین عابد نے دو مثنویوں حضرت علیؓ سے متعلق داستانیں نظم کیں۔ جن کے نام "نقشِ مراد" اور "جوش وخروش" ہیں۔ منشی عابد زوالِ سلطنتِ خداداد کے بعد میسور آ گئے تھے اور ریذیڈنٹ کے دفتر پر فارسی کے منشی تھے۔ ان کے بعد مولوی محمد درگاہی نے اردو میں جمعہ کے خطبے پیش کئے اور دینی موضوعات پر میسوری دکنی میں نظمیں کہیں۔ خطباتِ درگاہی اور اشعارِ درگاہی پہلے تو مخطوط شکل میں متداول رہیں۔ پھر بنگلور میں زیورِ طبع سے آراستہ ہوئیں۔ ان کے بعد مولانا میر حیات نے سنہ ۱۲۴۴ھ یعنے سنہ 1829ء میں اپنی پہلی منظوم کتاب "مفتاح الایمان" لکھی۔

مولانا میر حیات میسوری کے آغازِ تصنیف تک میسور میں عام طور پر چکی نامہ، چوک نامہ، شادی نامہ وغیرہ عوامی گیتوں کا رواج تھا۔ مولوی احمد خان شیرانی کی "چہار کرسی" رائج تھی۔ ہر گھر میں اس کا ایک مخطوطہ نسخہ تھا۔ عام مسلمان دین کے بنیادی مسائل اسی سے پڑھتے تھے۔ ملک العلماء باقر آگاہ مدراسی کی "ہشت بہشت"، نلمنگل کے سید عارف شاہ کی حقوق المسلمین، عقائدِ ہندی وغیرہ کے مخطوطے یہاں کم ہر کس و ناکس کو دستیاب ہونا مشکل تھا۔ اس کو مولانا میر حیات نے شدت سے محسوس کیا اور یہاں کے مسلمانوں کی ضرورت کو پورا کرنے دینی موضوعات پر نثر ونظم میں رسائل لکھنا شروع کئے سنہ ۱۲۴۴ھ سے سنہ ۱۲۷۸ھ تک یعنے چونتیس سال آپ نے دینی تصانیف پر صرف کئے اور پچاس کے لگ بھگ رسالے لکھے۔ فقہ، عقائد، تصوف تمام تر موضوعات پر مختصر لیکن

جامع رسائل لکھے اور ان تمام رسائل میں مسلمانوں کی عام گفتگو کی زبان استعمال کی ہے۔ خطّاطی پر بھی ایک رسالہ لکھا۔ اور بوصیریؒ کے قصیدۂ بردہ شریف کا اردو میں منظوم ترجمہ پیش کیا۔ آپ کے رسالے پہلے پہل مخطوط کی شکل میں سارے جنوبی ہند میں پھیلے پھر طباعت کا آغاز ہوا تو مدراس، ویلور، بنگلور، بمبئی وغیرہ کے مطبعوں نے ان کی وسیع اور کثیر اشاعت کی اور یہ سلسلہ بنگلور کے مطبعوں سے آج بھی جاری ہے۔ آپ کی کتابوں کے تین مجموعے ہیں۔ 'مصباح الحیات'، 'سراج الحیات' اور 'خمسۃ الحیات'۔ مصباح الحیات قریباً ڈیڑھ سو برس سے سینکڑوں کی تعداد میں شائع ہوئے اور سارے جنوبی ہند میں اسے عام رواج اور قبول حاصل رہا ہے۔ مولانا میر حیات مدرسۂ لطیفیہ ویلور کے تعلیم یافتہ جید فاضل تھے۔ مہاراجہ کے دفتر پر فارسی کے منشی تھے۔ اس کے علاوہ طباعت کرتے تھے خطّاطی سکھاتے اور دینیات کا درس دیتے تھے۔ آپ کی وفات ۱۲۸۱ھ میں ہوئی۔ شہرِ میسور کو آپ کی ذاتِ برکات اور آپ کی خدمات پر ہمیشہ ناز رہے گا۔

مولانا سید درویش پیراں قادریؒ نے ایک مختصر رسالہ رویتِ ہلال پر لکھا جو ۹۱۸ھ میں شائع ہوا۔ اس میں آپ نے رمضان اور عید کے چاند کے بارے میں مسائل بیان فرمائے ہیں۔

۱۹۰۷ھ میں مولانا محمد صادق جامع مسجد کے سر قاضی تھے۔ آپ نے قرآنِ مجید کا ترجمہ کیا۔ یہ مخطوطہ اورئنٹل ریسرچ انسٹی ٹیوٹ میں محفوظ ہے۔ بیسویں صدی کے اوائل میں صوفی احمد علی صاحب نے درجِ ذیل دینی کتابیں لکھیں:۔

۱۔ دیوانِ احمد۔ نعت شریف کا دیوان جو نولکشور پریس لکھنؤ میں چھپا۔ 2۔ انوارِ عقل سوال و جواب کے پیرائے میں دینی مسائل کا بیان۔ (3) جامع الاسرار: امام غزالیؒ کے ایک رسالہ کا ترجمہ جو نولکشور پریس لکھنؤ سے شائع ہوا۔ (4) ایمان و اسلام: عقائد اور مسائل کا بیان مطبع فردوسی بنگلور سے شائع ہوا۔ (5) اصل العرفان: تصوف پر مختصر سا رسالہ۔ (6) ترجمۂ عقائد جامی: نولکشور پریس لکھنؤ سے شائع ہوا۔ (7) تحقیقات احمدیہ: اہم مسائل کا بیان مدراس سے طبع ہوا۔

اسی زمانہ میں مولانا سید فقیر محی الدین مقبل شاہ صاحب نے اپنا عارفانہ دیوان پیش کیا۔ جمعہ کے خطبے شائع کئے۔ سراپائے رسول ؐ مثنوی لکھی جو فخر المطابع لکھنؤ سے شائع ہوے۔ تصّوف پر ایک رسالہ 'گلدستۂ معرفت' تصنیف کیا۔ موجودہ صدی صدی کے ربع ثانی میں نعت گو شاعر مولانا عبدالرحمٰن گذرے جو رضوانؔ تخلص کرتے تھے۔ آپ فارسی اور عربی زبانوں پر عبور رکھتے تھے۔ آپ کا نعتیہ دیوان بنام "دیوانِ رضوان" آپ کے فرزند مولوی سید احمد مرحوم نے شائع کروالیا۔ مولانا عبدالسلام سلیمؔ ہزاروی نے معجزات نامی کتاب لکھی جو شائع ہوی۔ مولانا حافظ قاری عبدالستار صدیقی نے تجوید پر ایک کتاب "اسباقِ صدیقی" اور عربی آموز رسالہ "عربی اسباق" کے نام سے لکھا۔ یہ دونوں کتابیں شائع ہوگئیں۔ مولانا سید احمد بیرؔ نے تصّوف پر ایک مختصر رسالہ "شمع ہدایت" کے نام سے 1960ء میں لکھا اور میسور سے شائع کیا۔

موجودہ دور بالخصوص آزادی کے بعد سے تاحال کئی شعراء حضرات کے دیوان اور کئی مصنفوں کی تصانیف شائع ہوئے اور ہو رہے ہیں۔ اس طرح ایک عرصۂ دراز سے میسور علم و فضل کا مرکز رہا ہے۔ اور یہاں علماء اور فضلاء کا مجمع رہا ہے۔

72

جامعۂ میسور میں اردو کے مراسلاتی کورس

میسور یونیورسٹی کا شمار ہندوستان کی چند قدیم نامی گرامی یونیورسٹیوں میں ہوتا ہے۔ اپنے قیام کے بعد یہ یونیورسٹی آج تک سبھی تعلیمی شعبوں میں جو گراں قدر خدمات انجام دیتی آرہی ہے وہ واقعی قابل ستائش بات ہے۔ اس یونیورسٹی کا دوسرا فقید المثال کارنامہ مراسلاتی ڈگری کورسس کا اجرا ہے۔ ان کورسس کی اجرا سے وہ لوگ بھی متمتع ہو رہے ہیں جنھیں وقت و حالات نے تعلیم حاصل کرنے سے محروم رکھا تھا جس کی بدولت ایسے سینکڑوں افراد بلا تفریق سن و سال گھر بیٹھے بی اے، اور ایم اے، کی ڈگریاں حاصل کر رہے ہیں۔

ان کورسس کو فروغ دینے کے لیے یونیورسٹی نے ایک ادارہ بنام "انسٹی ٹیوٹ آف کرسپانڈنس کورسس اینڈ کنٹی نیونگ ایجوکیشن" قائم کیا ہے جو پچیس 25 سال سے ان خدمات کو مستعدی سے انجام دیتا آرہا ہے۔ اس کے علاوہ اس ادارے نے کچھ عرصہ سے تعلیم کو مزید عام کرنے کے لیے ایک مفید کورس بنام "اوپن یونیورسٹی" جاری کیا۔ جس سے وہ لوگ بھی ایم اے، کی ڈگریاں گھر بیٹھے حاصل کر رہے ہیں جو کسی وجہ سے زندگی میں کبھی کوئی اسکول یا کالج نہ جا سکے تھے۔ اس کورس کے داخلہ کی شرط صرف یہ کہ امیدواروں کی عمر اکیس 21 برس کی ہو۔ اکیس 21 برس کے امیدوار بی اے، کا راست امتحان دینے کے مجاز ہیں۔ اگر امیدوار ان کی عمر پچیس 25 برس سے متجاوز ہو تو وہ ایم اے، کا امتحان دے سکتے ہیں۔ امیدواروں کو مطبوعہ ہدایت نامے اور اسباق بھیجے جاتے ہیں۔ جن کو پڑھنے سے امیدواروں میں ایک حد تک تعلیم و تدریس کی صلاحیت اور استعداد پیدا ہو جاتی ہے۔ اس کے علاوہ یونیورسٹی کے ان کورسس کے امیدواروں کے لیے سال بھر میں ایک مرتبہ دو ہفتوں کے لیے کلاسوں کا انتظام کرتی ہے جس میں حاضری لازمی ہے۔

مراسلاتی کورسس کے ابتدائی زمانے میں اردو کو صرف ثانوی زبان کی حیثیت دی گئی تھی، جس کو بعد میں اختیاری مضامین کی حیثیت دے دی گئی۔ پہلے پہل ایم اے؛ کورسس میں صرف انگریزی، تاریخ اور سوشیالوجی کے مضامین داخل تھے۔ جس کے کچھ عرصے بعد اردو ایم اے؛ کورس کا اضافہ بھی ہوگیا۔ اس کورس میں اردو ایم اے؛ کو شامل کرانے میں پروفیسر میر محمود حسین صاحب کی مساعی قابلِ ستائش ہے مجھے آج تک وہ جلسہ یاد ہے جو آپ نے اس مقصد کے لیے 1972ء میں شعبۂ اردو کی طرف سے منعقد کیا تھا۔ جس میں بطورِ مہمانِ خصوصی یونیورسٹی کے وائس چانسلر صاحب بھی تشریف فرما تھے۔ اس جلسے میں پروفیسر موصوف نے اردو کی اہمیت اور افادیت پر بصیرت افروز تقریر کرتے ہوئے محترم وائس چانسلر صاحب سے اردو ایم اے؛ کورس بھی اس ادارے سے جاری کرنے کے لیے پرزور سفارش کی تھی اور اس جلسے میں اتفاقاً میں بھی شریک تھا۔ جب تک پروفیسر موصوف یونیورسٹی سے منسلک رہے اس کاز کے لیے کوشاں رہے۔

آپ کی وظیفہ خواری کے پانچ سال بعد 1983ء میں وزیرِ کرناٹک جناب عزیز سیٹھ صاحب اور اس وقت کی یونیورسٹی کی سینٹ کی خاتون ممبر محترمہ الحاجہ ممتاز النساء بیگم صاحبہ کی مساعی و سفارش پر سابق وائس چانسلر شری ہیگڈے صاحب نے اردو ایم اے؛ کا مراسلاتی کورس جاری کیا۔ اور آپ کی ہدایت پر پروفیسر میر محمود حسین صاحب نے اس کے سارے انتظامات بحسن وخوبی انجام دیئے۔ اس کورس کے سالِ اول میں تقریباً ڈیڑھ سو 150 امیدواروں نے اپنے نام رجسٹر کرائے تھے۔ آج کل اس کی غیر معمولی مقبولیت کا یہ عالم ہے کہ ہمارے علمائے دین بھی اردو ایم اے؛ کورس میں امتحان دینے لگے ہیں۔ مفتی بشیر احمد میسوری۔ مولانا خلیل الرحمن عمری، مولانا راہی فدائی کڈپوی، سرقاضیٔ ویلور، مولانا سید شاہ اسمٰعیل صاحب بنگلوری کے نام نمایاں ہیں۔ ان میں سے بعض حضرات پی۔ ایچ ڈی؛ کر رہے ہیں۔ اس کورس کی افادیت کا یہ عالم ہے کہ میسور کے علاوہ تامل ناڈو، کیرلا، آندھرا، مہاراشٹرا، منی پور حتیٰ کہ دہلی تک کے امیدوار میسور آرہے ہیں۔ خصوصاً اردو کے گہوارے دہلی سے اردو کی تعلیم

کے لیے امیدواروں کا میسور آنا یہاں والوں کے لیے ایک قابلِ اطمینان بات ہے۔

جامعہ میسور کے انسٹی ٹیوٹ آف کرسپانڈنس کورس کے ڈائرکٹر پروفیسر جے ایس۔ پرشوامورتی صاحب کی ذات اردو کے لیے بسا غنیمت ہے۔آپ کا شمار ہمدردانِ اردو میں کیا جائے تو بجا ہوگا۔آپ نے اپنے ادارے میں اردو کورس کا انتظام جس نیک نیتی سے کیا ہے وہ اپنی مثال آپ ہے۔ اگر آپ کی حمایت حاصل نہ ہوتی تو اردو ایم اے، کورس کا جاری ہونا دشوار کام تھا۔آپ کی نیک نفسی اور انسان دوستی کا ایک واقعہ یہاں درج کیا جاتا ہے۔ امسال اردو ایم اے، کے امتحانات کے لیے بیرونی مقامات سے آئے ہوئے پانچ چھ علمارامیدوار ہاسٹل میں ٹھہرے تھے۔ایک شام وہ کھانا کھانے کے لیے قریب کے محلے جے لکشمی پورم کی ایک ہوٹل کو گئے۔ ان حضرات کو اس بات کی خبر نہیں تھی کہ شہر میں فرقہ وارانہ فسادات ہو رہے ہیں۔جب وہ واپس ہونے لگے تو راستے میں چند غنڈوں نے ان پر سنگ باری کی اور انھیں زدوکوب کرکے بری طرح زخمی کر ڈالا۔جب یہ زخمی افتاں وخیزاں اپنی قیام گاہ پر پہنچے تو اُن کے دیگر ساتھیوں نے اس حادثہ کی خبر فون پر پروفیسر پرشوامورتی کو دی تو پروفیسر موصوف نے فوراً آدھی رات میں اپنی کار لیے وہاں پہنچ گئے اور زخمیوں کو ہسپتال لے گئے۔ان کی مرہم پٹی کروائی اوران لوگوں کے علاج کے لیے یونیورسٹی کی طرف سے بارہ ہزار روپئے صرف کروائے۔و. اس لیے کہ امیدوار یونیورسٹی کے مہمان تھے۔ پروفیسر پرشوامورتی صاحب کی اس انسان دوستی اور ہمدردی کے ہم بہت شکر گزار ہیں۔

اردو ایم اے، کا کورس دو سال کا ہے اوراس کے دس پرچے مقرّر ہیں۔جس میں عربی وفارسی کے دو پرچے لازمی ہیں۔ ہر سال تقریباً ساڑھے سات سو روپئے فیس بھرنی پڑتی ہے۔تمام مضامین کے مطبوعہ ہدایت نامے امیدواروں کو بھیجے جاتے ہیں۔ ہر سال دو ہفتوں کا ایک رابطہ پروگرام بھی منعقد کیا جاتا ہے جس کے تحت تمام مضامین کی کلاسیں چلتی ہیں۔ان کلاسس کو مقامی اساتذہ کے علاوہ بیرونی پروفیسروں کو بھی لکچر دینے کے لیے مدعو کیا جاتا ہے۔

ڈاکٹر جہاں آرا بیگم صاحبہ اس ادارے کی صدرِ شعبہ ہیں اور محترمہ بلقیس بیگم صاحبہ لکچرار۔ ڈاکٹر جہاں آرا بیگم صاحبہ ایک لائق و فائق شریف النفس متحرک خاتون ہیں۔ آپ کا ایک قابلِ قدر کارنامہ یہ ہے کہ آپ نے اپنی ذاتی کوششوں سے اردو مراسلاتی کورس کے امیدواروں کے لیے ایک گولڈ مڈل کا انتظام کیا ہے۔ چناں چہ الامین ایجوکیشن سوسائٹی بنگلور، امانت کوآپریٹیو بیانک بنگلور، حاجی عبدالغفار سیٹھ بنگلور وغیرہم سے بصورتِ عطیہ پندرہ ہزار روپیہ یونیورسٹی میں جمع کروادیا گیا ہے اور اس رقم سے ایک گولڈ مڈل ڈاکٹر مختار احمد صاحب کے نام سے اس کورس کے امیدواروں کو دی جائے گی۔ شعبۂ اردو کے طالب علموں کے لیے پہلے ہی سے دو گولڈ مڈل ولی اللہ گولڈ مڈل اور علامہ اقبال گولڈ مڈل دیے جاتے ہیں۔ مگر یہ مڈل مراسلاتی کورس والوں کو نہیں ملتے۔ اس لیے ڈاکٹر جہاں آرا بیگم صاحبہ نے اس کمی کو پورا کردیا ہے۔ امسال مراسلاتی کورس کے چھ امیدواروں کو ایم اے، میں فرسٹ کلاس بھی دیا گیا ہے۔

76

میسور کے مسلم کونسلرس

سلطانؒ کی شہادت کے بعد انگریزوں نے وڈیر خاندان کے راجا کو میسور کا حاکم تسلیم کرتے ہوئے راجا بنایا۔ اس کے بعد انگریزوں نے میسور کی بدنظمی دیکھ کر میسور میں کمشنری قائم کی جس کا سلسلہ 1831ء تا 1881ء جاری رہا۔ ازاں بعد آنجہانی مہاراجہ چامراج وڈیر بہادر کو پھر سے تخت پر بٹھایا گیا۔ اس زمانے میں بلدی انتظامیہ کا کسی کو شعور تک نہ تھا۔ ساری آبادی محل کے اطراف ’جو قلعہ ہے‘ اسی میں راجا اور پرجا دونوں رہتے تھے۔ اموات کی تدفین کا کوئی انتظام نہ ہونے کے باعث لوگ مردہ علاقین کو جہاں مناسب سمجھتے تھے وہاں دفن کر دیتے تھے۔ چناں چہ اس دور کے چند مزارات آج بھی شہر کے مختلف گلیوں میں اور گھروں میں دیکھی جا سکتی ہیں۔

1881ء میں آنجہانی مہاراجہ چامراج وڈیر کے پہلے دیوان (واضح رہے کہ یہ ریاست کے سب سے پہلے دیوان تھے۔) سری رنگا چارلو نے 7 اکتوبر 1881ء میں عوامی نمائندوں کی ایک کمیٹی تشکیل دی۔ جس میں کل ریاست سے ایک سو چودہ 114 عوامی نمائندے نامزد کئے گئے تھے۔ یہ نمائندے سال میں دو مرتبہ یعنی دسہرے کے تہوار اور مہاراجہ صاحب کے جشنِ سال گرہ میں مدعو کئے جاتے تھے اور ان سے رفاہ عام کے کام وکاج میں مشورہ کیا جاتا تھا۔ اسے ہم شہر کی ابتدائی میونسپالٹی کہہ سکتے ہیں۔ پھر آنجہانی مہاراجہ کرشنا راج وڈیر بہادر کے دورِ حکومت میں عوامی کمیٹی میں کچھ ضابطہ پیدا ہوا۔ غالباً 1905ء میں باقاعدہ میونسپالٹی کا قیام عمل میں آیا۔ جس کا صدر دفتر راج محل کے عقب کی ایک عمارت میں قائم کیا گیا۔ میونسپالٹی کے ابتدائی دور میں کونسلروں کو حکومت نامزد کرتی تھی۔

جس کے کچھ عرصہ بعد حکومت نے کونسلروں کا تقرر عوام کے سپرد کیا۔ جنھیں عوام الیکشن کے ذریعہ منتخب کرنے لگے۔

میونسپالٹی کے ابتدائی زمانے میں جن مسلم کونسلروں کو حکومت نے نامزد کیا تھا ان میں ابا محمد سیٹھ مرحوم، نواب میر ٹیپو سلطان علی خان مرحوم، جناب محمد غوث بیر مرحوم، جناب میر نذر حسین مرحوم، مولوی محمد قاسم انصاری تسنیم مرحوم پہلوان امیر الدین قریشی مرحوم، ایڈوکیٹ محمد خلیل اللہ صاحب کے نام نمایاں ہیں۔

مرحوم ابا محمد سیٹھ صاحب بہت سی خوبیوں کے مالک اور ہندوستان گیر شہرت رکھتے تھے۔ آپ کا شمار اس دور کے متمول عمائدینِ شہر میں ہوتا تھا۔ آپ کی دورِ کونسلری کا ایک یادگار کارنامہ میلاد باغ میں میلاد النبیؐ کا جشن ہے۔ اس جشن میں سارے شہر کے مسلمان بارہ ربیع الاوّل کے سہ پہر کو میلاد باغ میں جمع ہو کر بارگاہِ رسالتؐ میں اپنی عقیدت کا پُرخلوص اظہار کرتے ہیں۔ جس میں چوٹی کے علما اور مقررین کی بصیرت افروز تقریریں ہوتی ہیں۔ جلسے کے اختتام پر ہر مسلم محلہ اور ہر عربی مدرسہ ومساجد کے منتظمین اپنے اپنے زمروں کے ساتھ رنگ برنگے پھولوں کی چاندنیوں کے زیرِ سایہ نعت خوانی کرتے ہوئے ساڈے روڈ سے گزرتے ہوئے اپنے اپنے مقامات کو واپس ہوتے ہیں۔ ساڈے روڈ کو برقی قمقموں سے سجایا جاتا ہے۔ اس جشن کو دیکھنے کے لیے راستے کے دونوں کناروں پر لوگ جوق در جوق جمع ہوتے ہیں۔ جشن میں میلاد النبیؐ اسپورٹس میں کامیاب شدہ اتھلیٹ کو انعامات تقسیم کئے جاتے ہیں۔ دوسری صبح سبھی مسلم محلّوں میں تبرک طعامِ عام کا انتظام کیا جاتا ہے۔ مرحوم ابا محمد سیٹھ صاحب کی کونسلری کا دوسرا کارنامہ منڈی محلّہ کا نتراج پارک کی چمن بندی اور وہاں موجود کسی بزرگ کی مزار کی حد بندی اور اس پر چھت وغیرہ کا بندوبست ہے۔ جہاں آج کل ہر سال عرس منایا جاتا ہے۔ آپ ایک بے باک اور نڈر انسان تھے۔ اور جس بات کو حق سمجھتے تھے اس کے منوانے میں ان کے پاس رورعایت نہ تھی۔ آپ میسور میں خلافت تحریک کے بھی روحِ رواں تھے۔ اس تحریک کے تحت انجمنِ اتحادِ اسلام میں کئی جلسے منعقد کئے گئے

جہاں لوگوں کو گاندھی جی کے چرخے وغیرہ تقسیم کروائے۔ آپ کا گھر ہر بلند پایہ مسلم عالم کا مہمان خانہ تھا۔ آپ کو کتب بینی کا بے حد شوق تھا۔ چناں چہ آپ کی ذاتی لائبریری میں کئی نادر مخطوطات و مطبوعات جمع تھیں۔ جو آپ کی وفات کے بعد تتر بتر ہو گئیں۔ اور ان میں کی اکثر کتابیں لوگ اڑا لے گئے جو آج اُن کی لائبریری کی زینت بنی ہوئی ہیں۔ جن میں ٹیپو سلطان شہیدؒ کے خطوط وغیرہ شامل ہیں۔ میسور کو 1927ء میں جب علامہ اقبالؒ تشریف لائے تھے تو آپ کی مہمان نوازی کے فرائض سیٹھ صاحب ہی نے انجام دئے تھے۔ سری رنگ پٹن کی زیارت کے وقت اقبالؒ کے ساتھ محمود خان مرحوم، مصنف تاریخ سلطنتِ خداداد، جناب کلیم الملک سیّد غوث محی الدین مدیرِ الکلام، بنگلور اور مرحوم ابا محمد سیٹھ موجود تھے۔ آپ نصف صدی سے زائد عرصہ تک میونسپل کونسلر رہے۔ دو مرتبہ نائب صدر اور ایک مرتبہ صدر نامزد ہوئے۔ آپ کئی ملّی اداروں سے وابستہ تھے۔ آپ کے ملّی خدمات کے پیش نظر قوم نے آپ کو "فخرِ قوم" کے خطاب سے نوازا تھا۔ آپ کی خدمات پر بلا مبالغہ ایک کتاب لکھی جا سکتی ہے۔

- نواب میر ٹیپو سلطان علی خان مرحوم معروف بہ ٹی۔ ایس علی خان نواب نظام الدین علی خان کے فرزندِ اکبر تھے۔ آپ کا شمار آنجہانی یوراجہ میسور کے بے تکلف احباب میں ہوتا تھا۔ آپ نواب صاحب مسجد، سواڑی روڈ کے متولی بھی تھے۔ حضرت پیر جماعت علی شاہ مرحوم کی ایماء پر اس مسجد کی دوبارہ تعمیر آپ ہی کے تولیت کے زمانہ میں ہوئی۔ اور اس مسجد کا نام زینت المساجد رکھا گیا۔ جس سے تاریخ ۱۳۳۴ھ نکلتی ہے۔ مولوی محمد قاسم انصاری قسیم مرحوم مدرسہ لطیفیہ، ویلور کے فارغ التحصیل تھے۔ آپ وقتِ انتقال تک میسور کے سر قاضی و جامع مسجد کے متولی رہے۔ آپ ایک روزنامہ "قاسم الاخبار" اور ماہ نامہ "نورِ میسور" کے مدیر تھے۔ آپ خان بہادر عباس خان بنگلور، مدیر الکلام مرحوم سید غوث محی الدین کے ہم عصر تھے اور آل میسور اسٹیٹ مسلم کانفرنس کے بھی نامزد کردہ رکن تھے۔ اور اس

ادارے کو بیس ہزار روپئے چندہ فراہم کیا تھا جس سے مسلم طلبا کو اسکالر شپ دی جاتی تھی۔ آپ ایک خاندانی نامی گرامی طبیب تھے اور آپ کا مطب آج بھی نزدِ سنی چوک منڈی محلہ بنام 'انصاری دواخانہ' موجود ہے۔

جناب محمد غوث پیر مرحوم محکمۂ تعلیمات میں اردو اسکولس انسپکٹر تھے وظیفہ یابی کے بعد برسوں یتیم خانۂ اطفال کے سکریٹری رہے۔ آپ رفاہ المسلمین کے سرگرم رکن اور مسلم لیگ کے بھی خدمت گار تھے۔

جناب میر نذر حسین مرحوم گورنمنٹ ہاوزیں اکاؤنٹنٹ تھے۔ وظیفہ یابی کے بعد میونسپل کونسلر نامزد ہوئے۔ آپ مسجدِ جعفری کے تاحیات متولی اور شیعوں کے قاضی بھی تھے۔ آپ کا شمار دیوانِ میسور سر محمد اسمٰعیل مرحوم سے قریبی تعلقات رکھنے والوں میں سے ہوتا تھا۔

پہلوان الحاج امیر الدین قریشی مرحوم اپنے وقت کے ایک نامی گرامی پہلوان تھے۔ آپ جماعتِ اہلِ حدیث میسور کے برسوں صدر رہے۔ آپ کا شمار میسور کے مسلم متمول عمائدین میں ہوتا تھا۔ کشتی کا فن چھوڑنے کے بعد آپ آخر دم تک کشتی کے اعزازی ریفری رہے۔

ایڈوکیٹ الحاج محمد خلیل اللہ صاحب علی گڈھ کے ایم۔ اے ؛ ایل ایل بی ؛ ہیں۔ آپ کا وطن ہنسور ہے اور آپ کا شمار میسور کے اچھے مسلم وکلاء میں ہوتا ہے۔ آپ برسوں میسور میونسپل کونسلر اور ایک مرتبہ نائب صدر بھی منتخب ہوئے تھے۔

دوسرے دور کے مسلم کونسلرس جو گورنمنٹ سے نامزد یا الیکشن کے ذریعہ منتخب ہوئے ان کے نام اور ان کی کارگزاری مختصراً درج کرتے ہیں۔ ان میں جناب الحاج سید عبد الرحمٰن صاحب سابق ایم۔ ایل۔ سی۔ ایڈوکیٹ میر نور حسین مرحوم جناب ایم۔ جے محمد یعقوب، صاحب مرحوم ٹمبر مرچنٹ میسور۔ جناب عبد الرحمٰن مرحوم، تاجر پارچہ میسور۔ مرحوم نعیم صاحب۔ جناب بشیر صاحب کالونی میسور۔ وکیل عبد الغفار صاحب، نواب میر نصیر الدین علی خان مرحوم۔ جناب کے نذیر احمد خان صاحب مالکِ

20 نمبر بڑی میسور۔ جناب میر ہمایون صاحب بی ایس سی، جناب عبدالجمیل صاحب ایم اے، اور جناب رحمٰن شریف صاحب حلیم نگر۔

جناب الحاج سید عبدالرحمٰن صاحب سابق ایم۔ ایل۔ سی کا دورِ کونسلری 1950ء تا 1953ء ہے۔ آپ کا کارنامہ الیکشن کے چھ وارڈس کو بڑھا کر تیس 30 وارڈس کرنا ہے۔ جس کے سبب تمام مسلمان محلے جس میں زیادہ تر مزدور طبقہ آباد ہے ایک پلاٹ فارم پر آگئے۔ پہلے منڈی محلہ، لشکر محلہ، کرشنا راجہ محلہ، دیوراج محلہ، چامراج محلہ اور فورٹ محلہ صرف چھ وارڈس تھے۔ جس میں ایک مسلم کونسلر اور ایک شیڈول کاسٹ کے کونسلر کو نامزد کرنا لازمی قرار دیا گیا تھا۔ آپ کی کونسلری کا دوسرا کارنامہ کا نتراج پارک میں پانی کے دو بڑے ٹینک کی تعمیر ہے۔ جس سے منڈی محلہ اور لشکر محلہ میں پانی کی جو قلت تھی وہ دور ہوگئی۔ آپ تقریباً اٹھارہ 18 برس تک کانگریس میونسپل پارٹی کے رکن بھی نامزد رہے۔ آپ کی مساعی وکوشش کا نتیجہ ہے کہ آج کی نئی گیری ونگٹن لاڈج کے میدانی علاقے میں تعمیر ہوئی۔ آپ کئی ملّی اداروں سے وابستہ ہیں۔ آپ کی خدمات کا تفصیلی ذکر "داستانِ میسور" میں درج ہے۔

ایڈوکیٹ میر نور حسین مرحوم آپ کا شمار میسور کے نامی گرامی وکلاء اور شعلہ بیان مقررین میں ہوتا تھا۔ میسور آکاش وانی میں آپ کے ادبی خدمات کا تفصیلی ذکر داستانِ میسور میں درج ہے۔ آپ صاحبِ دیوان شاعر اور مصنف بھی تھے۔

جناب ایم جے محمد یعقوب صاحب ٹمبر مرچنٹ۔ آپ کا وطن ہنسور تھا اور آپ کا شمار میسور کے متمول طبقہ میں ہوتا تھا۔ آپ نے کئی اسکیمیں تیار کی تھیں جن میں سے ایک اسکیم یہ تھی کہ تمام ندیوں کا پانی کو سمندر میں ملنے نہ دیا جائے بلکہ اس پانی کو بنجر زمینوں کی طرف موڑ دیا جائے۔ جس سے زراعت میں ترقی ہوگی۔ آپ یہ اسکیم لے کر دہلی بھی گئے تھے۔ جہاں آپ کی اسکیم پر غور وخوص کرنے کا وعدہ کیا گیا تھا۔ آپنے خارش کے لیے ایک دوا ایجاد کی تھی۔ جس کا نام "ظالم لوشن" رکھا گیا تھا۔ میسور کی رحمانیہ بلڈنگ آپ کی ملکیت میں تھی۔

جنابِ الحاج عبدالرحمٰن خان مرحوم کی کپڑوں کی بڑی دوکان اشوکہ روڈ پر تھی۔ آپ کا معمول تھا کہ دوکان کو جانے سے پہلے اپنی کو نسلری کے علاقہ میں پاکی صفائی کا معائنہ گلیوں میں چل پھر کر کرتے تھے۔

مرحوم نعیم صاحب بی۔اے، بیڑی مزدور اسوسی ایشن کے ایک عرصہ سکریٹری تھے۔

عبدالبشیر خان کالونی میسور آپ ایک مرتبہ کالونی علاقہ سے کارپوریٹر منتخب ہوئے تھے۔ آپ ایک سرگرم قومی خدمتگار اور ہمدردِ ملک وملت ہیں۔ آپ کی مساعی اور کوشش سے کالونی علاقہ میں ایک شاندار اردو پرائمری اسکول کی عمارت کارپوریشن سے تعمیر کی گئی ہے۔ جس سے وہاں کے غریب بچّوں کی پڑھائی میں سہولت ہوگئی۔ زیادہ تر بچّے بیڑی مزدور طبقے کے ہیں۔ آپ ایک عرصہ تک سی، بی، سی، پالی ٹیکنک کے رکن بھی رہ چکے ہیں۔

وکیل عبدالغنی صاحب میسور کے ایک نامور مسلم وکیل ہیں اور آپ دیگر مسلم اداروں سے تمسک ہیں۔

جناب ایڈوکیٹ عبدالغفار خان صاحب میسور کے ایک نامی وکیل ہیں آپ کئی ملّی اداروں سے وابستہ ہیں۔ آپ کی خدمات کا تفصیل سے "داستانِ میسور" میں ذکر درج کیا جاچکا ہے۔ آپ میونسپل نائب صدر اور ایک مرتبہ صدر بھی رہ چکے ہیں۔

جناب اے عزیز شریف صاحب ایم۔ ایس۔ سی، آپ مدرّس ہیں اور مسلم کوآپریٹیو اسوسی ایشن کے رکن اور نائب صدر بھی بلحاظ رہے تھے۔

جناب حکیم شریف صاحب ایک متحرک قومی خدمت گار ہیں آپ میلاد کمیٹی کے ایک عرصہ سے سکریٹری نامزد ہیں۔ اور آپ کی زیرِ نگرانی ہر سال میلادالنبیؐ کا جشن بڑے شاندار پیمانے پر منایا جاتا ہے۔ اور آپ کئی دیگر ملّی اداروں سے بھی وابستہ ہیں۔

نواب میر نصیر الدین علی خان مرحوم تادمِ زیست نواب صاحب مسجد سواڑی روڈ میسور کے متولی تھے۔ آپ کی کوششوں سے نواب صاحب کی مسجد میں ایک شاندار کامپلکس تعمیر ہوا ہے۔ اور آپ کوشاں رہے کہ اسی علاقہ میں اردو پرائمری اسکول کی ایک الگ عمارت بھی تعمیر کی جائے۔ آپ کی کوشش تھی کہ میسور میں موجود ٹیپو سلطانؒ محل کے بقیہ حصّے کو ٹیپو سلطانؒ میوزیم بنایا جائے مگر آپ کی ناگہانی موت سے یہ کام ادھورا رہ گیا۔

جناب نذیر احمد صاحب ایم، اے؛ مالک 20 نمبر بیڑی میسور ایک سرگرم قومی خدمت گار ہیں اور کئی اداروں سے بھی وابستہ ہیں۔

جناب ہمایون صاحب ٹیکسی اسٹانڈ اسوسی ایشن کے سکریٹری تھے۔ آپ ایک مرتبہ میونسپل کونسل کے نائبِ صدر بھی رہ چکے ہیں۔ آپ کا کئی دیگر اداروں سے بھی واسطہ رہے۔

جناب محمد جمیل صاحب ایم، اے؛ بھی ایک جانے پہچانے ملّی خدمتگار ہیں اور ایک مدّت تک آپ کارپوریٹر رہ چکے ہیں۔

جناب رحمٰن شریف صاحب حلیم نگر کی کونسلری کا کارنامہ حلیم پاشاہ مکان ہیں نادار بے گھر مسلمانوں کو بسانا ہے۔ آپ کی کوشش سے وہاں کے مسلمانوں میں اتحاد و اتفاق برقرار ہے۔

1968ء سے تقریباً دس برس کے عرصہ تک میونسپل الیکشن نہ ہو سکا۔ اور میونسپل کا انتظام ایڈمنسٹریٹر کے ماتحت چلتا رہا۔ موجودہ الیکشن میں منتخب کارپوریٹروں کے نام یہ ہیں :۔ جناب محمد نور اللہ صاحب شوخی؛ جناب امان اللہ خان صاحب۔ آپ قبرستان کمیٹی کے سکریٹری رہ چکے ہیں۔ محترمہ رفیعہ ماجد ایک مرتبہ کارپوریٹر منتخب ہوئی تھیں۔ آپ جناب شیخ پیر صاحب مرحوم چامراج نگر کی دختر ہیں۔ محترمہ سائرہ محمد سیٹھ صاحب بنت ابا محمد سیٹھ مرحوم۔ محترمہ زمرد خانم آپ دو مرتبہ کارپوریٹر منتخب ہوئیں۔ اور اس مرتبہ آپ میونسپل نائب صدر نامزد ہوئیں۔ جناب مظہر خان صاحب اس مرتبہ پہلی بار کارپوریٹر منتخب ہوئے ہیں۔ جناب چھوٹے صاحب بھی اس مرتبہ منتخب ہوئے ہیں۔

ٹیپو سلطانؒ وقف اسٹیٹ

ٹیپو سلطانؒ وقف اسٹیٹ سری رنگاپٹن، میسور میں اپنی نوعیت کا ایک منفرد شاہی وقف ہے۔ جس کا دفتر آج کل گنبدِ سلطانی کے احاطے کی ایک کشادہ بارہ دری میں واقع ہے۔ اور اس کا نگران کار افسر کو اسٹیٹ افسر کہتے ہیں۔ سابق میں جسے ناظمِ اعلا تیقنِ شاہی کہتے تھے جس کی مہر دفتر میں محفوظ ہے۔ ناظمِ علاقتینِ شاہی کے ذمّہ گنبدِ شاہی اور مسجدِ اعلیٰ سری رنگاپٹن دونوں علاقوں کے منتظمین تھے۔ اور سابق میں اس کا دفتر مسجدِ اعلیٰ کے ایک کمرے میں واقع تھا۔

اس زمانہ میں ناظمِ شاہی کی ماتحتی میں گنبدِ شاہی میں دس قرآن خواں اور چالیس خدّام اور مسجدِ اعلیٰ میں بیس خدّام اور دس قرآن خوان تھے اور روزانہ ہر قاری تین تین پاروں کی تلاوت کرتا۔ اس طرح ہر روز ایک قرآن ختم ہوتا اور عصر کی نماز کے بعد مسجدِ اعلیٰ کی آثارِ شریف کے کمرے میں پنج آیات شریف کی تلاوت کے بعد اس کا ثواب سلطان کی روح کو ہدیہ کر دیا جاتا تھا۔

اس شاہی وقف کے وجود و قیام کی روداد یوں بیان کی جاتی ہے کہ نواب حیدر علی خان بہادر نے 1775ء میں اپنے دفن کے لیے مقبرہٗ اس سے متصل مسجد اقصیٰ اور چاروں طرف بارہ دری کی تعمیر کا کام شروع کیا جو 1782ء میں تکمیل کو پہنچا۔ ازاں بعد گنجعام کے مشرق میں سنگم کے قریب ایک عالی شان لال محل تعمیر کروایا۔ اور اس کے مدّمقابل لال باغ لگوایا۔ جس میں اقسام کے پھول، گلاب کے پودے اور پھلوں کے درخت موجود تھے۔ روایت ہے کہ نواب حیدر علی خان بہادر کا ذاتی مکان بانیٔ سلطنتِ خداداد ہونے سے پہلے دریائے کاویری کے کنارے واقع تھا۔ جہاں آج کل دریا دولت باغ کی دیدہ زیب پر شوکت تاریخی عمارت کھڑی ہے

نواب بہادر جب (سرواد ھیکاری) مختارِ کل بن گئے تو اپنی رہائش کے لیے قلعہ کے اندر رنگناتھ سوامی مندر کے روبرو ایک عالی شان محل تعمیر کروایا تھا۔ ان دونوں محلات کو انگریزوں نے سلطانؒ کی شہادت کے بعد توپوں سے مسمار کردیا آج ان محلات کے کھنڈروں میں دو چار ٹوٹی پھوٹی دیواریں باقی رہ گئی ہیں جو اپنے پُر شوکت عہدِ رفتہ پر نوحہ کناں ہیں۔

نواب حیدر علی خان بہادر کا انتقال جب دورانِ جنگ آرکاٹ فوجی کیمپ میں ہوا تو آپ کے جسم کو گنبدِ شاہی میں لاکر دفن کیا گیا۔ آپ کی وفات کے بعد 1790ء میں جب آپ کی اہلیہ محترمہ کا انتقال ہوا تو آپ کو بھی اسی مقبرے میں نواب بہادر کے پہلو میں دفن کیا گیا۔ گنبدِ شاہی کے چبوترے پر نواب بہادر اور ٹیپو سلطان شہیدؒ نے اپنے چند رشتہ داروں اور وفادار سپہ سالاروں کو بھی دفن کروایا تھا۔ جیسا چہ رقیہ بیگم، شہزادہ نظام الدین اور بنگی نواب وغیرہ یہیں مدفون ہیں۔ البتہ گنبدِ شاہی کے جنوبی برآمدے کی قبریں اور چبوترے کی دو ایک قبریں شہادتِ سلطانؒ کے بعد کی ہیں۔ سلطان کی شہادت کے بعد ماضیٔ قریب تک یہاں کے نوبت خانے میں نوبت بجائی جاتی تھی جس کو نو آدمی ایک ساتھ بجاتے تھے۔ ہم امید کرتے ہیں کہ موجودہ ٹیپو سلطان وقف ایسٹیٹ کے اربابِ حل و عقد پھر سے، اس کی تجدید کریں گے۔

ٹیپو سلطان شہیدؒ نے اپنے عہدِ حکومت میں مسجدِ اعلیٰ کی طرح گنبد شاہی میں بھی لائق اور موزوں ملازموں کا عملہ مامور کر رکھا تھا۔ آپ نے مسجد کے لیے عالم و فاضل خطیب، امام و مؤذن اور مقبرے کے لیے قرآن خواں، داروغہ، متولی، قاضی فراش، جاروب کش، مہر و طباخ مقرر کیے تھے۔ دفترِ مسجد اعلیٰ سری رنگ پٹن کی طرح گنبد کا بھی ایک دفتر تھا۔ جب مکہ معظمہ سے آثارِ شریف وصول ہوئے تو آپ نے گنبدِ کے پاس ان تبرکات کے لیے ایک خاص مزین اور مصفا کمرہ مخصوص کیا تھا۔ آثارِ شریف میں موئے مبارک اور حضور سرورِ دو عالم صلی اللہ علیہ وسلم کے غلاف کا ٹکڑا شامل ہیں

ان کی نگرانی کے لیے خدّامِ آثارِ شریف مقرّر کیے تھے۔ ہر مسلمان کو مسجدِ اقصٰی میں نماز پڑھنے کی اجازت تھی۔ گنجام کے مسلمان عموماً نماز کے لیے یہاں آتے تھے۔ لو سلطان خود بھی نمازیوں میں شریک رہتے تھے۔ کتابوں میں درج ہے پہلی مرتبہ نمازِ جمعہ کے خطبہ میں بادشاہِ دہلی کے بدلے آپ کا نام اسی مسجد میں لیا گیا تھا۔ سلطان کے زمانے یہاں نواب بہادر کا عرس، بارھویں شریف، گیارھویں شریف اور محرم وغیرہ میں عام دعوتیں ہوا کرتی تھیں۔ اس طرح اس زمانہ میں گنبدِ شاہی کا علاقہ سدا بہار اور آباد علاقہ تھا۔

4 رمئی 1799ء میں سلطان کی شہادت ہوئی۔ تو انگریزوں نے یہاں کی تمام آرائشوں کو نیست و نابود کر دیا۔ سلطان کے بعد انگریزوں کو بغاوت کا اس قدر خوف تھا کہ شہادت کے بعد بھی انگریزی فوج تقریباً دس برس تک گنبدِ شاہی کے احاطے میں پڑاؤ ڈالے ہوئی تھی اور گنبدِ شاہی کے اطراف بارہ دریوں کو فوجی ہسپتال بنا لیا گیا تھا۔ صرف چند ملازموں کو گنبد اور مسجد کے اندر آنے کی اجازت دی گئی تھی۔ سلطان کے بعد گنجام کے مسلمان دل برداشتہ ہو کر عالمِ سراسیمگی میں ہر روز وہاں سے ہجرت کرنے لگے تھے۔ انگریز فوجیوں نے اس مقدّس مقام کی بڑی بے حرمتی کی۔ لال باغ کو اجاڑ دیا گیا۔ گنبد اور مسجد کے قیمتی کواڑوں کو اکھیڑ دیا سنہری کلس اتار لیے گئے اور جو انگریز فوجی یہاں فوت ہوتے تھے ان کی تدفین بھی اسی احاطہ میں ہونے لگی۔ ان کی قبریں ایک عرصہ دراز تک تھیں جس کو محکمۂ آثارِ قدیمہ نے ماضی قریب میں ہموار کر دیا اور آج کل دو چار قبروں کے کتبے میوزیم میں رکھے ہوئے ہیں۔

جب یہاں وبائی امراض پھیلنے لگے اور انگریز فوجی اس کا شکار ہونے لگے تو دیگر فوجیوں نے بغاوت کر دی جس کو تاریخ میں White Mutiney (گوروں کی بغاوت) کہتے ہیں۔ اس بغاوت کی وجہ انگریزی حکومت نے اس فوجی کیمپ کو معسکر بنگلور منتقل کر دیا۔ اس وقت تک سری رنگ پٹن کا جزیرہ انگریزوں کے قبضے میں تھا جو بعد میں مہاراجہ کے حوالے کر دیا گیا۔

جب سری رنگ پٹن کا جزیرہ راجہ کی حکومت میں شامل ہوا تو راجہ نے مسجدِ اعلیٰ اور گنبدِ شاہی کو ملا کر ایک محکمہ قائم کیا اور انتظام کے لیے ایک ناظم کا تقرر کیا جو ناظمِ علاقیتِ شاہی کہلاتا تھا۔ یہ محکمہ مقامی تحصیلدار اور اس علاقہ کے ڈپٹی کمشنر کے ماتحت کام کرتا تھا۔ اس محکمہ کے قیام کے بعد پھر سے نواب بہادر اور سلطان شہیدؒ کے اعراس کے علاوہ دیگر شہدا کے فاتحہ بھی یہاں ہونے لگے۔

اس محکمہ کے پہلے ناظمِ علاقیتِ شاہی غالباً نواب باقر علی خان ساکنِ میسور مامور ہوئے۔ آپ نے اس اُجڑے دیار کو پھر سے آباد کیا۔ لال باغ کی صفائی کرائی پھل پھول کے پودے لگوائے نئے سرے سے کیاریاں بنوائیں مسجد اور گنبد پر نئے کلس لگوائے نئے کواڑ لگوائے۔ لال باغ کے صدر دروازے پر نوبت بجانے کا سلسلہ پھر سے جاری کیا۔ آپ نے یہ تمام کارہائے نمایاں اس وقت کے عمائدینِ شہر کے مشورہ سے کیا تھا۔ اس کام کے لیے آپ نے ایک سوال نامہ عمائدینِ شہر کے نام بھجوایا تھا جس کے جواب میں سری رنگ پٹن اور میسور کے کئی عمائدین نے اپنے دستخطوں کے ساتھ اپنی مہریں بھی ثبت کی تھیں یہ سوال اور جواب نامہ دو لمبے جوڑے فریموں میں ٹیپو سلطان ریسرچ انسٹی ٹیوٹ اینڈ میوزیم میں آویزاں ہے۔

1831ء میں انگریزوں نے راجہ کو معزول کر دیا اور محکمۂ علاقیتِ شاہی کو حکومت کے محکمۂ مجرائی میں شامل کر دیا اور یہ علاقہ 1974ء تک مجرائی کے تحویل میں تھا۔ اور اس کی نگرانی کے لیے ایک مجلسِ ناظرینِ اوقاف تشکیل دی گئی اور حکومت کی جانب سے گنبدِ شاہی میں ایک گولک رکھوادی گئی۔ اور اس میں جمع شدہ رقم تین ماہ میں ایک بار حکومت کے خزانے میں داخل کر دی جاتی۔ کچھ عرصہ بعد ناظم کا دفتر مسجدِ اعلیٰ میں منتقل کروادیا اور گنبد کا انتظام داروغہ کے سپرد کر دیا گیا۔ سلطان کے عرس کے لیے ہاتھی گھوڑے وغیرہ میسور راج محل سے آتے تھے۔ غالباً 1837ء میں سلطان کے ایک شہزادے پرنس غلام محمد مقبرے کی زیارت کے لیے آئے تھے۔ آپ نے نہایت قیمتی زرّین غلاف قبروں پر اڑھلئے نیز ہندو و مسلم بیواؤں اور غریبوں کو ماہانہ پنشن دینے کے لیے ایک گراں قدر رقم حکومت

کو دی جو پرنس غلام محمد چیارٹی فنڈ کے نام سے آج بھی جاری ہے۔ اس کے علاوہ آپ نے سالانہ پانچ سو روپئے عرس کے موقعہ پر ضیافت اور مالیدہ کی تقسیم کے لیے بھیجنے لگے۔ جو کلکتہ کے سلطان ٹرسٹ سے ماضی قریب تک برابر آتے تھے۔

نواب باقر علی خان کے بعد جو ناظم یکے بعد دیگرے مقرر ہوئے ان میں سے چند ایک کے نام یہ ہیں:۔ سید شاہ شمس الدین پیراں قادری بنگلوری۔ آپ ایک صاحبِ طریق بزرگ تھے۔ سید شاہ ضامن پیراں قادری میسوری آپ بھی ایک صاحبِ طریق بزرگ تھے۔ سید جعفر محی الدین صاحب۔ آپ نواب نظام الدین علی خان کے رشتہ داروں میں سے تھے۔ مولانا سید شاہ قدرت اللہ بخاری قادری۔ آپ کا وطن گرگیشوری تھا۔ سید غلام دستگیر صاحب میسوری۔ آپ وظیفہ یاب چیف آفیسر تھے۔ محمد عمر صاحب میسوری۔ آپ وظیفہ یاب ریونیو آفسر تھے۔ محمد یعقوب صاحب آپ کا وطن گرگیشوری تھا وظیفہ یاب ٹیچر تھے استاد غلام رسول صاحب آپ کا وطن رائچور تھا۔ سید حیات مسکین صاحب میسوری۔ محمد غوث شریف صاحب میسوری۔ ایم۔ الیف۔ عبدالرحمٰن صاحب میسوری (آپ کی خدمات کا تفصیلی ذکر "داستانِ میسور" میں درج ہے۔) موجودہ اسٹیٹ آفیسر عبدالباسط صاحب وظیفہ یاب ریلوے آفیسر ہیں۔ مسجدِ اقصیٰ کے موجودہ خطیب و امام مولانا سید عباس صاحب ہیں۔ سری رنگ پٹن اور گنجام میں آپ ہی ایک عالم اور ذاکر بزرگ ہیں جو یہاں کے تاریخی حالات وغیرہ بتا سکتے ہیں۔ آپ شہری رنگ پٹن کے سر قاضی ہیں اور ان خدمات پر آپ کو سالانہ ایک سو ساٹھ 160 روپیہ گرانٹ ملتا ہے۔ آپ کے والد میر قادری بھی گنجام کے شہری اور یہاں کے قرآن خواں خطیب اور متولی اور داروغہ، صاحبِ طریق بزرگ تھے۔

آزادئ ہند کے بعد اس وقف کے پہلے چیرمن عزت مآب عزیز سیٹھ صاحب مقرر ہوئے۔ آپ کے زمانہ میں اس وقف کا انتظام محکمہ مجرائی سے نکال کر ریاستی وقف بورڈ کے حوالے ہوا اور ایک وقف اسٹیٹ قائم کیا گیا۔ جس کی ایک مجلسِ منتظمہ تشکیل دی گئی۔ ناظمِ علاقتینِ شاہی کی جگہ ایک

ایسٹیٹ آفیسر ماموُر کیا گیا۔ گنبد میں مسلمانوں کی کانفرنس منعقد ہونے لگیں۔ اور ایک مرتبہ سابق وزیرِ اعظم آنجہانی اندرا گاندھی اور سلطان شہید کے پڑپوتے پرنس حیدر علی شاہ کو مدعو کیا گیا۔ سابق وزیرِ اعلیٰ آنجہانی دیوراج ارس نے یہاں کی سالانہ گرانٹ کو بڑھا کر پچھتر ہزار روپیے کر دیا۔ یہاں کا وضوخانہ شیموگہ کے درویش بابا نے آرکیالوجی کی ممانعت کے باوجود بنوا دیا۔ اور سابق وزیرِ کرناٹک مرحوم نذیر صاحب بے بور ویل بنا کر دی۔ جس سے وضو اور پینے کا پانی حاصل ہوا۔

89

ٹیپو سلطانؒ ریسرچ انسٹیٹوٹ و میوزیم

ٹیپو سلطانؒ ریسرچ انسٹیٹوٹ و میوزیم (گنجام) سری رنگ پٹن، کرناٹک میں اپنی نوعیت کا ایک منفرد مسلم ادارہ ہے۔ اس کی تاسیس رکھنے اور اسے وجود میں لائے جانے کے محرک پروفیسر میر محمود حسین صاحب ہیں۔ اس مجمل بات کی تفصیل یہ ہے کہ عزت مآب جناب عزیز سیٹھ صاحب جو اس زمانہ میں وقف ایسٹیٹ کے صدر تھے، اُن سے موصوف نے اس ادارے کو قائم کرنے کی پُر زور سفارش کی تو جناب سیٹھ صاحب نے فروری 1983ء میں گنبدِ سلطانی کے احاطے میں ایک خانقاہ کے کشادہ کمرے میں اسے قائم کیا۔ اور آپ ہی اس کے پہلے صدر قرار پائے اور پروفیسر میر محمود حسین صاحب آنریری ڈائرکٹر بنائے گئے۔ نیز اس ریسرچ انسٹیٹوٹ کے قیام میں الحاج نذیر احمد صاحب بنگلور، نائب صدر وقف اور میسور کے نامور وکیل جناب عبدالغفار خان صاحب کی مساعیٔ جمیلہ بھی ناقابلِ فراموش ہیں۔

اس ادارے کے قیام کے بنیادی مقاصد درج ذیل ہیں:۔

1۔ نواب حیدر علی خان بہادر اور ٹیپو سلطان شہیدؒ کی شخصیتوں کے وہ گوشے معلوم کرنا جو اب تک لامعلوم ہیں۔

2۔ نواب حیدر علی خان بہادر اور ٹیپو سلطان شہیدؒ کے نوادرات، آثار تاریخی مولد وغیرہ کو فراہم کرکے انھیں محفوظ صورت میں رکھنے کا انتظام کرنا۔

3۔ کرناٹک میں مسلمانوں کی ثقافت، علوم و فنون اور تاریخی معلومات کی جمع و ترتیب، پھر ان موضوعات پر تحقیقی کام اور اس کی اشاعت۔

اس ادارے کو قائم ہوئے ابھی چھ ماہ بھی نہیں ہوئے تھے کہ جناب عزیز سیٹھ

صاحب کرناٹک کے وزیر منتخب ہو گئے تو آپ نے اپنی جگہ پر جناب محمد معین الدین صاحب بنگلور کو وقف اسٹیٹ کا صدر نامزد کروایا۔ جس کے دو سال بعد جناب محمد معین الدین صاحب نے مالی امداد حاصل کرنے کی غرض سے ادارے کو وقف اسٹیٹ سے جدا کر کے اس کو ایک سوسائٹی کی حیثیت سے حکومت میں رجسٹر کرایا۔ مگر حکومت نے مالی امداد دینے کے لیے یہ شرط رکھی کہ جناب محمد معین الدین صاحب اس کے صدر اور پروفیسر میر محمود حسین صاحب اس کے آنریری ڈائرکٹر رہیں۔ ازاں بعد ایک مجلس منتظمہ تشکیل دی گئی۔ جس کے اراکین مندرجۂ ذیل حضرات ہیں :۔ ڈاکٹر شیخ علی صاحب۔ وائس چانسلر منگلور اور گوا یونیورسٹی۔ ڈاکٹر سید اعظم صاحب، میسور یونیورسٹی، پروفیسر محمد کریم الدین صاحب گنجام، ڈاکٹر م۔ ن۔ سعید صاحب بنگلور یونیورسٹی، ڈاکٹر عبد الغفار شکیل صاحب میسور۔ جناب عبد الغفار خان صاحب وکیل میسور، الحاج سیّد نور محمد صاحب، کولیگال، جناب الحاج ضیاء اللہ شریف صاحب چامراج نگر۔ ڈائرکٹر آرکیالوجی حکومتِ کرناٹک۔

ادارے کو وقف اسٹیٹ سے علاحیدگی کے بعد اسٹیٹ سے لی ہوئی رقم کو ادا کرنا ضروری تھا۔ اس کی ادائیگی اور آیندہ کی کارروائی کے لیے سرمائے کی ضرورت محسوس ہوئی تو پروفیسر میر محمود حسین صاحب نے ایک ترکیب نکالی وہ یہ کہ ہر سال ادارہ ایک مجلّہ بنام "سلطان" جاری کرے اور زیادہ سے زیادہ اشتہارات حاصل کرے اور اس کی فروخت کا دائرہ ہندوستان کے علاوہ بیرونی ممالک تک وسیع کرے۔ چناں چہ مجلّہ "سلطان" کا پہلا شمارہ قرضے کی رقم سے شائع کیا گیا۔ مجلّہ 'سلطان' ایک معیاری مصوّر مجلہ ہے۔ جو سال میں ایک مرتبہ پروفیسر موصوف کی ادارت میں شائع ہوتا ہے۔ اس مجلّہ میں نواب حیدر علی خان بہادر اور ٹیپو سلطان شہید سے متعلق محققوں کے تحقیقی مقالات انگریزی، کنڑا اور اردو زبان میں شائع ہوتے ہیں۔ اب تک اس کے چھ شمارے منظرِ عام پر آچکے ہیں۔ اس کی فروخت میں ان تھک کوشش جو کی گئی تو اس سے اتنی رقم حاصل ہوی جس سے وقف اسٹیٹ

سے لی گئی رقم بآسانی لوٹائی جا سکتی تھی جو لوٹا دی گئی۔ اور اس کے بعد بھی کچھ فاضل رقم بچ رہی تو اس سے ادارے کے لیے الماریاں، فرنیچر، مطبوعات، مخطوطات فرامین، تصاویر، تلواریں، خنجر، شیر کا قفل، ظروف، سکے جات، دستاویزات وغیرہ چیزیں خریدی گئیں۔ اور پھر کچھ علم دوست و ادب نواز حضرات نے اس ادارے کو کمیاب، گراں قدر کتابیں، مخطوطات وغیرہ بطور عطیہ عنایت فرمایا۔ ان معطیوں میں جناب عزیز سیٹھ صاحب، جناب حکیم سید اعجاز احمد صاحب بنگلور، ڈاکٹر عثمان شریف صاحب، جناب این الیف عبد الرحمٰن صاحب، پروفیسر موصوف اور جناب محمد قاسم صاحب منڈیا کے نام اہم ہیں۔

پروفیسر میر محمود حسین صاحب نے بحیثیت ڈائرکٹر اس ادارے کی جو خدمات انجام دی ہیں وہ یہ کہ آپ نے اپنی مساعیٔ سے ٹیپو سلطان شہید کی وہ تمام تحریریں جو انڈیا آفس لائبریری اور وکٹوریہ اینڈ البرٹ میوزیم لندن میں محفوظ ہیں اُن کی مائیکرو فلمیں منگوائیں اور سلطان کے دو ہزار خطوط کے فوٹو اسٹاٹ تیار کرائے۔ گنج بخش لائبریری لاہور سے میر صادق کے خطوط کے زیروکس منگوائے۔ مسلم لائبریری بنگلور اور ودھان سودھا کے آرکیوز سے سلطان کے فرامین وغیرہ کے زیروکس حاصل کیے۔ آپ کی دعوت پر وکٹوریہ اینڈ البرٹ میوزیم لندن سے ایک خاتون ریسرچ اسکالر این بڈل تین مرتبہ سری رنگ پٹن آئیں اور چند اہم کتابیں ادارے کو دلائیں۔ موصوفہ نے اپنی خواہش سے ایک سال عرسِ سلطانی میں شرکت کی سعادت حاصل کی اور کرناٹک کے مختلف مقامات کا دورہ کر کے سلطانی قلعوں اور عمارتوں کے فوٹو سلائیڈ تیار کرا کے ادارے کو دیں۔ جس کی نمائش ایک مرتبہ جامعۂ میسور اور ایک مرتبہ جامعہ بنگلور میں ہو چکی ہے۔ سلطانی علم جسے انگریز اپنے ساتھ برطانیہ لے گئے تھے۔ کہتے ہیں کہ یہ علم آج کل بکنگھام محل لندن میں ہے۔ اس علم کی شبیہ کو پروفیسر موصوف نے سلطانی تحریروں سے نقشہ اخذ کر کے تیار کروایا۔ جو اس ادارے میں آویزاں ہے۔ پھر ایک دستاویزی فلم بنام "فٹ پرنٹس آف دی ٹائیگر"

دستیر کے قدموں کے نشانات" اپنی نگرانی میں تیار کرائی جس کی نمائش دہلی دوردرشن سے کئی ایک بار ہو چکی ہے۔ اس ادارے میں کتابوں کی اشاعت کا سلسلہ بھی جاری کیا ہے۔ اس سلسلے کی پہلی کڑی ایک فارسی کتاب کا اردو ترجمہ بنام "ٹیپو سلطان کا خواب نامہ" جس کے مترجم پروفیسر میر محمود حسین صاحب ہیں۔ کتاب طباعت کی منزل میں ہے۔

نواب حیدر علی خان بہادر اور ٹیپو سلطان شہیدؒ کے وہ نوادرات، مطبوعات و مخطوطات جو ممالکِ یورپ کی مختلف کتب خانوں اور میوزیم میں محفوظ ہیں ان کی دریافت اور مائیکرو فلمیں لے آنے کی غرض سے سابق حکومتِ کرناٹک نے جناب محمد معین الدین صاحب کو آٹھ لاکھ روپیوں کی خطیر رقم دی۔ موصوف اس رقم سے دو مرتبہ یورپ وانگلستان وغیرہ ممالک کو گئے اور وہاں سے نواب حیدر علی خان بہادر اور ٹیپو سلطان شہیدؒ سے متعلق کافی مواد لے کے آئے ہیں۔

اس ادارے کو میسور یونیورسٹی سے ملحق کرنے کے لیے پروفیسر موصوف نے یونیورسٹی کے ذمہ داروں سے خط وکتابت کی تھی۔ خدا کرے کہ یہ کوشش کامیاب ثابت ہو اور مستقبل قریب میں یہ ادارہ میسور یونیورسٹی کا ایک مسلم تحقیقی ادارہ قرار پائے، جہاں سے تحقیقی کام کرکے ریسرچ اسکالرس پی۔ ایچ ڈی۔ کی ڈگری حاصل کریں۔

اگرچہ یہ ادارہ ابھی خورد سال ہے مگر اس کی کتاب آراء میں جن ذی وقار شخصیتوں کی آراء اور تاثرات درج ہیں ان سے پتہ چلتا ہے کہ ادارے کی کارکردگی سے ہند کے ماسوا بیرونی ممالک کی بڑی شخصیتیں بھی متاثر ہوئی ہیں۔ یہاں آنے والوں میں سے چند ذی وقار شخصیتوں کے نام یہ ہیں :۔ صدرِ ہند عزت مآب شری۔ آر وینکٹ رامن۔ دہلی۔ ڈیوک آف ولنگڈن، مسٹر نارمن ڈائرکٹر ٹور آف لندن صاحب زادہ یعقوب خان وزیر پاکستان۔ سفیر حکومتِ سعودیہ۔ ڈاکٹر فاروق عبداللہ وزیر اعلیٰ کشمیر، جناب عزیز سیٹھ وزیر کرناٹک۔ جناب ایم۔ جے نورانی۔ بمبئی۔ شری راچیا۔ سابق وزیر کرناٹکا۔ کمانڈر ان چیف ہندوستان،

ڈاکٹر گوپی چند نارنگ۔ دہلی۔ ڈاکٹر عتیق احمد صدیقی۔ ڈین فیکلٹی اردو، علیگڈھ یونیورسٹی۔ پروفیسر شمس الدین کشمیر۔ پروفیسر محمد حسین مدراس۔ جناب ابراھیم خلیل اللہ صاحب مینجنگ ایڈیٹر روزنامہ سالار بنگلور۔

اس ادارے سے پروفیسر میر محمود حسین صاحب اپنی گراں بہا خدمات انجام دے کر دسمبر 1989ء میں اپنی ناسازئ مزاج کی وجہ سے مستعفی ہوچکے ہیں اور آپ کی جگہ میسور کے ڈاکٹر عبدالغفار شکیل صاحب سابق صدر شعبۂ لسانیات علیگڈھ کو لایا گیا ہے۔ امید ہے کہ آپ کا عہدِ ادارت میں یہ ریسرچ انسٹیٹیوٹ اور ترقی کرےگا۔

آخر میں ہم اس ادارے کی ترقی کے لیے اس کے اربابِ حل وعقد کی توجہ مندرجۂ ذیل امور پر یہ امید کرتے ہوئے کراتے ہیں کہ ان پر ضرور غور وخوض کیا جائے گا۔

1۔ حکومتِ ہند اور حکومتِ کرناٹک سے اس کے عملے کی تنخواہیں اور دوسرے اخراجات کے لیے سالانہ گرانٹ حاصل کیا جائے۔

2۔ گنبدِ سلطانی کے قریب اس ادارہ کی شایانِ شان ایک عمارت تیار کی جائے۔

3۔ للت محل میسور کی شاہ راہ پر جو آرمڈ ریزرو پولیس سٹیشن ہے اس کے سامنے سلطان کی توپ اور گاڑی موجود ہیں۔ اس توپ پر فارسی میں کتبہ کندہ ہے۔ اسے حکومت سے درخواست کرکے وہاں سے اٹھا کر گنبدِ سلطانی کے سامنے نصب کیا جائے۔

4۔ سُنا ہے کہ بینگن پلی کے قلعے کے پاس نواب حیدر علی خاں بہادر کی متعدد توپیں پڑی ہوئی ہیں وہ بھی وہاں سے گنبدِ سلطانی میں منتقل کرائی جائیں۔

5۔ میسور سے گنبدِ سلطانی تک سٹی بسوں کا انتظام ٹھیک اور کافی نہیں ہے میسور سے راست گنبدِ سلطانی تک کم از کم ہر دو گھنٹہ میں ایک بس جاری کرائی جائے۔

6۔ ٹورِیزم ڈپارٹمنٹ کی جانب سے گنبدِ سلطانی سے قریب ایک ہوٹل کا بندوبست کرایا جائے۔ جہاں قیام وطعام دونوں کا انتظام ہو۔

7۔ گنبدِ سلطانی میں راستوں میں روشنی کا انتظام بالکل ناکافی ہے اور ناقص بھی۔ وقف ایسٹیٹ والے اس طرف بھی توجہ کریں۔

94

ٹیپو سلطان شہید کا عرس

وقت کے آئینے میں

سری رنگ پٹن میں عرس کا سلسلہ عیسوی دوسوسات[207] سال اور ہجری دوسوتیرہ[۲۱۳] سال سے چلا آرہا ہے۔ فتح منگلور کے بعد ٹیپو سلطان شہید کامیابی کے ساتھ پٹن واپس آئے تو سنہ 782ء[782] میں اپنے والد نواب حیدر علی خان بہادر کا عرس بڑے تزک و احتشام سے منایا تھا۔ اس میں فاتحہ، درود، قرآن خوانی، طعام مساکین، ضیافتِ علماء و مشائخ، خیرات وغیرہ کا اہتمام کیا گیا تھا۔ اور یہ پہلا عرس تھا جو سری رنگ پٹن میں ہوا اور اس کا انداز شاہانہ تھا۔ اس کے بعد سلطان کی شہادت تک یہ سلسلہ برابر جاری رہا۔ سنہ ۱۲۱۳ھ مطابق سنہ 1799ء میں اپنے والد کے عرس سے ایک ماہ قبل ہی آپ شہید ہو گئے تو یہ عرس نہیں ہوا اور اس کے بعد تقریباً آٹھ، دس سال تک عرس کا سلسلہ بند رہا۔

سلطان کی شہادت کے بعد آٹھ سال تک سری رنگ پٹن پر انگریزوں کا قبضہ رہا۔ جنرل ہارس، جنرل اسکاٹ، کرنل کلوز، جنرل ولزلی وغیرہ سب پٹن میں مقیم رہے۔ ہارس، اسکاٹ اور کلوز کے لیے بنگلے بنائے گئے اور ولزلی دریا دولت باغ محل میں دادِ عیش لیتا رہا۔ انگریزی فوج گنبد میں پڑاؤ ڈالے پڑی رہی۔ کلوز جو ریزیڈنٹ مامور ہوا تھا، گنبد میں واقع لال محل میں مقیم رہا۔ گنبد کے خانقاہوں، مقبرہ اور مسجد پر بھی سولجروں کا قبضہ رہا اور یہ جگہ فوجی ہسپتال بن گیا۔ اور اسی احاطے میں سولجروں کا قبرستان بنا جس میں سینکڑوں انگریز دفن ہوئے۔

ہارس کا بنگلہ سری رنگا پٹن کا ٹی۔ بی۔ بن چکا ہے۔ سکاٹ کا بنگلہ ایک

ہسپانوی عورت نے خرید لیا ہے۔ لال محل کو منہدم کر کے اس کا چوبینہ نیلگری پہنچا دیا گیا۔ اور چرچ کی عمارت میں لگایا گیا۔ پٹن کے سلطان محل کے ستون اور چوبینہ پٹن کے ریلوے اسٹیشن کی عمارت میں لگا دیا گیا۔ انگریز افسروں اور سولجروں نے لال باغ اور گنبد کا ستیاناس کر ڈالا۔ نواب صاحب اور سلطان شہیدؒ کے لگائے ہوئے نادر اور قیمتی درخت کاٹ کر چولھوں میں لگا دئے گئے۔ حتیٰ کہ گنبد کی عمارتوں کے پھاٹک تک توڑ پھوڑ کر بطور ایندھن استعمال کئے گئے۔ مسجد اور مقبرے پر لگے ہوئے سنہری کلس اتار لیے گئے۔ غرض اس مثالی گلشن کو تہس نہس کر ڈالا۔ سری رنگ پٹن کی تباہی کے بعد ملیریا کا اس شہر پر حملہ ہوا تو سولجرس اس کی تاب نہ لا سکے اور مرنے لگے اور مرنے والوں کی تعداد بڑھتی ہی رہی جس کے سبب آٹھ سال کے بعد خود سولجروں نے بغاوت کر دی۔ جسے گوروں کی بغاوت کہتے ہیں۔ جس کے بعد انگریز افسروں نے سری رنگ پٹن کا جزیرہ تیس ہزار روپوں میں راجا میسور کو فروخت کر دیا۔ اور اپنا لاؤ لشکر لے کر بنگلور چلے گئے۔ سلطان شہید کے خاندان کو تو 1799ء ہی میں ویلور بھجوا دیا گیا تھا۔ تباہی کے بعد پٹن کی آبادی دن بہ دن لگاتار گھٹتی رہی۔ یہاں کے مسلمان ہی نہیں بلکہ ہندو بھی ایک ایک کر کے کئی خاندان ہجرت کر گئے۔ اس طرح پٹن ایک شہر سے ایک چھوٹا سا قصبہ بن کر رہ گیا۔

انگریزوں سے پٹن پاک ہوا تو آثارِ سلطانی پر مسلمانوں کی توجہ مبذول ہوئی گنجام کے بچے کھچے مسلمان اور میسور کے عمائدین نے دیوان پورنیا کو آثارِ سلطانی کے بندوبست کی ذمہ داریاں سونپی۔ نواب محمد باقر علی خان نے بڑی محنت اور مستعدی سے لال باغ کی اصلاح اور مرمت کروائی۔ نئے درخت لگوائے گئے۔ مسجد اور گنبد پر نئے سنہری کلس نصب کرائے۔ سفیدی اور صفائی کروائی۔ مسجدِ اعلیٰ اور مسجدِ اقصیٰ جو ویران اور سنسان ہو چکے تھے دونوں جگہ موذن اور امام و خطیب اور قاضی وغیرہ مقرر کئے۔ چناں چہ یہ مسجدیں پھر سے آباد ہو گئیں۔ پھر ناظرینِ اوقاف کی ایک کمیٹی تشکیل دی گئی تنخواہوں اور خرچ و اخراجات کے لیے سالانہ گرانٹ جاری کیا گیا اور ساتھ ہی ساتھ گنبد

میں صبح اور شام دونوں وقت نوبت بجانے کا انتظام بھی کیا گیا۔ مگر آج کل نوبت کو بند ہوئے ایک عرصہ ہونے کو آیا ہے۔) اور پھر سے نواب صاحب اور سلطان شہیدؒ کے عرسوں کی تجدید ہوئی اور یہ انتظام سرکاری سلسلہ سنہ 1952ء میں کرناٹک کی تشکیل تک برابر جاری رہا۔ عرسوں کے لیے جُدا گرانٹ جاری ہوئے۔ دونوں عرسوں کے جلوس کے لیے راج محل میسور سے ہاتھی، اونٹ سوار سپاہی وغیرہ کے سوا ماہی مراتب بھی بھیجے جاتے تھے۔ اور دیکھنے والوں کو ایک شاہانہ جلوس دکھائی دیتا تھا۔

سنہ 1831ء سے سنہ 1881ء تک ریاست میسور میں انگریزوں کی حکومت جاری رہی اور راجا کو تخت سے اتار دیا گیا تھا۔ مگر اس زمانے میں بھی عرسوں کی شان و شوکت برقرار رہی۔ سنہ 1835ء میں سلطان شہید کے ایک شہزادے پرنس غلام محمد سلطان عرس میں شرکت کے لیے کلکتہ سے پٹن تشریف لائے تھے۔ مشہور رہے کہ وہ عرس بڑا شاندار ہوا تھا۔ کیوں کہ شہزادے شہادتِ سلطانی کے بعد پہلی مرتبہ مزارِ شریف پر حاضر ہوئے تھے۔ جس کی بناء پر میسور، بنگلور اور آس پاس کے مقامات سے لوگ پٹن پر ٹوٹ پڑے تھے اور ہزاروں کی تعداد میں جمع ہوئے تھے۔ اور شہزادے برطانوی سپاہ کے پہرے میں گنبد پہنچے تھے۔ کیوں کہ انگریزوں کو ڈر تھا کہ لوگ ان کو لے کر پھر سے بغاوت نہ کر بیٹھیں۔ پرنس انگلستان سے زرّین چادریں تیار کرا کر ساتھ لائے تھے جو آپ نے مزاروں پر اڑھائیں۔ یہ سنہری چادریں بہت قیمتی تھیں جو اس کے بعد عرس کے موقع پر ہر سال قبروں پر اڑھائی جاتی تھیں۔ شہزادہ تین چار دن پٹن میں قیام پذیر رہے اور خیر خیرات کا دریا بہا دیا۔ ہندو مسلمان سبھوں کو نقد اور تحفے دئے۔ پچاس فی صد مسلمان اور پچاس فی صد ہندو غریب اور بیوہ عورتوں کو ماہانہ پنشن دینے کے لیے آپ نے ساٹھ ہزار روپے سرکار کے حوالے کیا اور روپے کی آمدنی سے ناظرینِ اوقاف کمیٹی سینکڑوں بیواؤں اور غریب عورتوں کو برسوں ماہانہ پنشن دیتی رہی۔ پھر اس کی ذمہ داری ڈپٹی کمشنر کے حوالے ہوگئی۔ پرنس غلام محمد اس سال سے اپنے والد اور دادا دونوں کے عرسوں کے لیے ہر سال پانچ سو پانچ سو روپے بھیجنے لگے جو زمانۂ حال تک موصول ہوتے رہے۔ اس مبلغ سے دوسرے مصارف کے علاوہ

ملیدہ تیار کر کے تقسیم کیا جاتا تھا۔

۲۷؍ ذی قعدہ کو ٹیپو سلطان شہیدؒ اور ۲۸؍ ذی الحجہ کو نواب حیدر علی خان بہادر کا عرس اس زمانہ سے لے کر آج تک ہر سال باقاعدہ منعقد کیا جاتا رہا ہے وقت کے ساتھ ہاتھی سوار، سپاہی، ماہی مراتب، نیزے بھالے سرکاری بینڈ وغیرہ تو راج کے ساتھ ختم ہو گئے۔ سیدھا سادا جلوس باقی رہ گیا جس میں کرایے کے ہاتھی، چھوٹے موٹے گھوڑے اور دو ایک کرائے کے بینڈ شریک ہوا کرتے تھے۔ فقرا دف بجاتے ہوئے صندل اور پھول کی چادریں چڑھائی جاتیں اور فقرا ایک مخصوص طریقے پر فاتحہ، درود کی رسم انجام دیتے جس سے شاہی دربار کی سی کیفیت طاری ہو جاتی تھی۔ اگلے زمانہ میں بعد نماز مغرب مسجدِ اقصیٰ کے صحن میں علماء کرام کے مواعظ ہوتے۔ کہیں پڑھائی ہوتی، کہیں بیت بازی ہوتی، کہیں قوال اپنے فن کا مظاہرہ کرتے۔ ہوٹل اور دکانیں لگتیں اور کثیر تعداد میں بنگلور میسور اور اطراف واکناف سے لوگ جمع ہوتے ایک شاندار میلا سا لگتا تھا۔ عرس کی دوسری صبح دریا دولت باغ کے دروازے پر گڑ کی ایک خاص قسم کی بھیلیاں بکتی تھیں۔ یہ بھیلیاں وہاں صرف اسی زمانے میں بکتی تھیں جن میں ایک خاص لذت ہوتی تھی اب وہ رواج باقی نہیں رہا۔ ادھر چند سال سے علماء کرام کے مواعظ کے ساتھ مشاعرے کا رواج پڑ گیا ہے۔ اگلے زمانہ میں مغرب کے بعد گنبد میں عمائدین کی ضیافت ہوتی تھی پھر دوسرے دن مسجدِ اعلیٰ میں بعد نماز مغرب پٹن اور گنجام کے باشندوں کی ضیافت کا اہتمام ہوا کرتا تھا۔ لیکن ادھر چند سال سے عرس کے دن گنبد میں بعد نمازِ مغرب ضیافتِ عام ہوتی ہے۔ جس میں مقامی باشندے، زائرین اور دوسرے سب شریک ہوتے ہیں۔

آزادی کے بعد دو مرتبہ عرس کے موقع پر یہاں کانفرنس ہوئے 1975 سنہ ء میں عرس کے موقع پر مسلم کانفرنس منعقد کی گئی جس میں ریاست کے اکثر سیاستدان شریک ہوئے تھے۔ اس سے اہم فائدہ یہ ہوا کہ اس وقت کے وزیر اعلیٰ آنجہانی شری دیوراج ارس نے گنبد کا سالانہ گرانٹ بارہ ہزار سے بڑھا کر پچھتر ہزار کر دیا 1984 سنہ ء میں عرس کے موقع پر رام کرشنا ہیگڈے وزیر اعلیٰ کی صدارت میں ایک بڑا جلسہ منعقد ہوا، جس میں انھوں نے ٹیپو سلطانؒ

ریسرچ انسٹی ٹیوٹ کو آٹھ لاکھ روپے گرانٹ دے تاکہ اس رقم سے دنیا بھر میں بکھرے ہوئے سلطانی دور کے آثار کو یہاں لایا جا سکے۔

آج کل عرس کی وہ شان و شوکت باقی نہ رہی اور لوگوں کی آمد و رفت کم ہوتی جا رہی ہے۔ البتہ میسور سے نواب صاحب کے تعلیم خانے سے ایک شان دار صندل لانے کی ابتدا محمد فرزند جیسے ہوی ہے۔ اس سے کچھ عزت رہ گئی ہے۔ اگر غور سے دیکھا جائے تو میسور سے صندل لانے کی جو بنیاد پڑی ہے یہ بہت اہم اور مفید کام شروع ہوا ہے۔ اسی طرح بنگلور اور منڈیا وغیرہ سب مقامات سے صندل لایا جائے تو یہ اقدام بہت مفید ہوگا۔ یہ بھی خدائی انتظام معلوم ہوتا ہے کہ مسجدِ اعلیٰ میں جامعہ ٹیپو سلطانؒ کے نام سے عربی مدرسہ کھل گیا ہے جس سے مسجد آباد اور محفوظ ہو گئی ہے۔ کیا اچھا ہوگا کہ کم از کم عرس کے موقعوں پر مسلمان ایک بڑی تعداد میں جمع ہوں اور ایک شان دار جلوس نکالا جائے تو گویا یہ زندگی کا ایک ثبوت ہوگا۔

حرفِ زرّین اور داستانِ میسور

چند تاثرات

پروفیسر عتیق احمد صدیقی، علیگڑھ	
رام لال نابھوی، نابھ پنجاب	
مولانا شہاب الدین ندوی، بنگلور	
حکیم محمد یعقوب اسلم	وانمباڑی
محمد یعقوب بیگانہ	دھرم کوٹی
محمد یوسف کوکن عمری مرحوم	مدراس
نور احمد پاشاہ	بنگلور
علیم صبا نویدی	مدراس
دانش فرازی مرحوم	آمبور
بلراج کومل	دہلی
ڈاکٹر عقیل ہاشمی	حیدرآباد
سلیم انصاری	جھانسی
شفیقہ فرحت	بھوپال
آشفتہ چنگیزی	علی گڑھ
ڈاکٹر ظہیر احمد صدیقی	دہلی
ناوک حمزہ پوری	بہار
محمد مصباح اللہ	مدراس
ایم۔ اے۔ مناف برتر	مدراس
حسن فیاض	مدراس
ڈاکٹر گیان چند جین	لکھنؤ

● آپ نے "داستانِ میسور" لکھ کر ایک شان دار کارنامہ انجام دیا۔ سیاسی تاریخیں، بادشاہوں کی تاریخیں، ملکوں کی تاریخیں عام طور پر لکھی جاتی ہیں لیکن ایسی خوش نصیب شہر بہت کم ہیں جن کی تاریخ اس طرح قلمبند کی گئی ہو۔ آپ نے ماضی و حال کو اس میں سمیٹا ہے اور زندگی کے مختلف شعبوں کا جس طرح احاطہ کیا ہے وہ قابلِ تحسین ہے۔ ●

○ پروفیسر عتیق احمد صدیقی
صدر شعبۂ اردو۔ علی گڑھ مسلم یونیورسٹی

● مختصر سی کتاب میں پورے شہر کا احاطہ نہیں ہو سکتا۔ پھر بھی مصنف نے بہت محنت کی ہے۔ ان کی کاوش قابلِ داد ہے۔ ●

رام لال نابھوی ۔ پنجاب۔

● آپ کی تصنیف "داستانِ میسور" دیکھا مفید پایا۔ آپ کی یہ کاوش یقیناً قابلِ داد ہے۔ آپ نے شہر میسور کے مختلف علمی، ادبی اور سماجی پہلوؤں کو اُجاگر کرنے کی کوشش کی ہے اور اس میں بڑی حد تک کامیاب دکھائی دیتے ہیں۔ ●

(مولانا) شہاب الدین ندوی
فرقانیہ اکیڈمی ٹرسٹ ۔ بنگلور

● "داستانِ میسور" پیش کرکے واقعی آپ نے ٹیپو کی

سرزمین کا حق ادا کردیا ہے۔ کتاب ہر اعتبار سے مکمل اور جامع ہے۔ کوئی گوشہ آپ نے ادھورا نہیں چھوڑا۔ خاص کر مسلمان اور ہندو دونوں اقوام کی وسیع اور کشادہ ضرفی کا آپ نے دل کھول کر اعتراف کیا ہے جو مدلل بھی ہے اور اپنی جگہ مکمل بھی میسور میں اردو کی ابتدار اور ارتقار کی تاریخ بجائے خود تاریخ ادبِ اردو کا ایک باب کی تکمیل کا درجہ رکھتی ہے۔ آپ کی کتاب کسی ریسرچ مقالہ سے کم نہیں ہے۔ ●

حکیم محمد یعقوب اسلم
مجلسِ اطبار یونانی۔ وانم باڑی

● "داستان میسور" اس اعتبار سے وقیع ہے کہ یہ عہدِ ٹیپو سلطان شہیدؒ سے لے کر عہدِ حاضر تک کے اسلامی کلچر کا مرقع ہے۔ اور میسوری مسلمانوں کی تہذیب و سیاست کا بلا کم و کاست خلاصہ ہے جس کا مطالعہ ہر کرناٹکی کے لیے ضروری ہو جاتا ہے خصوصاً تعلیم یافتہ طبقے کے لیے یہ ایک سند ہے۔ ●

محمد یعقوب بیگانہ دھرم کوٹی

● "داستان میسور" کی لکھائی اور چھپائی بہت عمدہ ہے۔ مضامین بھی بہت عمدہ طریقہ سے آراستہ ہیں۔ کتاب بہت دل چسپ ہے۔ ●

محمد یوسف کوکن عمری
صدر شعبۂ اردو۔ مدراس

● "داستانِ میسور" پڑھی۔ واقعی آپ نے مسلمانانِ شہرِ میسور کے متعلق ایک ایسی خدمت انجام دی ہے کہ بیان سے باہر ہے۔ اس کتاب کا Presentation ایک Thesis سے صورت میں ہوتا تو ضرور Ph.D کی سند ملنے کے قابل ہے۔ ●

نور احمد پاشاہ۔ ایڈوکیٹ۔ بنگلور

• اکرام کاوش کرناٹک کی نئی نسل کے ان جدید غزل گو شعراء میں سے ایک ہیں جن سے اردو دنیا کو بہت ساری امیدیں وابستہ ہیں۔ ان کی شعری تخلیقات کے تجزیے کے بعد ان نتائج کا استنباط بہ آسانی ہوتا ہے کہ ان کے اندر کا فن کار بڑا حوصلہ مند توانا، وسیع النظر زندہ دل اور روشن نظر ہے۔ •

علیم صبا نویدی۔ مدراس

• جناب اکرام کاوش کی غزلوں نے بے حد متاثر کیا۔ ایک بیمار شاعر کی صحت مند غزلیں فنی بصیرت کی دلیل ہیں۔ •

دانش فرازی مرحوم۔ آمبور

• پچھلے کچھ برسوں سے بہت کم لوگ سنجیدگی سے نظم کی طرف توجہ دے رہے ہیں۔ آپ نے نہ صرف تخلیقی فریضہ انجام دیا ہے بلکہ اپنی نظموں میں تازگی اور ندرت کے حصول کے لیے مستحسن کوشش کی ہے۔ •

بلراج کومل ۔ دھلی

• پروفیسر میر محمود حسین کے تعارف، ڈاکٹر سلیمان اطہر جاوید کے 'نئے افق کی طرف' اور علیم صبا نویدی کے مقدمہ سے آپ کا زاویہ فکر اور علمی شخصیت کا اندازہ ہوا۔ آپ کی یہ کاوش قابلِ قدر ہے۔ •

ڈاکٹر عقیل ہاشمی

شعبۂ اردو۔ عثمانیہ یونیورسٹی۔ حیدرآباد

• آپ کے ہاں بے پناہ تخلیقی صلاحیتیں موجود ہیں۔ "آبِ زر" کی نظموں میں زندگی کے شدید محسوسات کے علاوہ فن کارانہ

جابکدستی ہے۔ •

سلیم انصاری
سیول انجنیئر۔ جھانسی (یو۔پی)

• "آب زر" میں نئی فکر، نیا کاٹ دار لہجہ اور نئی لفظیات کو پڑھ کر جی خوش ہوا۔ •

شفیقہ فرحت۔ بھوپال (ایم۔پی)

• "آبِ زر" کی اکثر نظموں نے متاثر کیا۔ بالخصوص "خاموشی کا سمندر"، "اپنی اپنی کالی صبحیں"، "وہ چہرے بول اٹھیں گے"، "تنہائی کا زہر" نے دل و دماغ پر گہرا نقش چھوڑا ہے۔ •

آشفتہ چنگیزی
شعبۂ اردو۔ علیگڈھ مسلم یونیورسٹی

• "میسور میں بیٹھ کر آپ اردو ادب کی خدمت کر رہے ہیں یہ ایک بہت بڑی عبادت ہے۔ •

ڈاکٹر ظہیر احمد صدیقی
شعبۂ اردو۔ دہلی یونیورسٹی۔ دہلی

• میں آزاد نظموں کا رسیا نہیں ہوں۔ لیکن "آبِ زر" کھولا تو "منظرِ مطہر" اور "دعا" پر نظر پڑی پھر بہ اشتیاق متعدد نظمیں دیکھیں۔ آنکھیں روشن ہوئیں دل شاد ہوا۔ آپ کی بصیرت و بصارت لائق تحسین ہے۔ •

ناوک حمزہ پوری۔ شیر گھاٹی۔ بہار

104

● 'آبِ زر' کے اکثر و بیشتر قطعات اپنے موضوع کے اعتبار سے بہت خوب ہیں۔ آپ کے کلام میں تعمیری پہلو اور صحت مند خیالات بدرجۂ اتم موجود ہیں۔ آپ نے حالاتِ حاضرہ کے مسائل کو بھی نگاہ میں رکھا ہے اور انھیں لطیف انداز میں موضوعِ سخن بنایا ہے۔ ●

محمد مصباح اللہ
پلاورم ۔ مدراس

● 'آبِ زر' کی بہت سی نظمیں پسند آئیں۔ خاص کر 'میرا قصّہ' اور 'کتبے' بڑی جاندار نظمیں ہیں۔ قطعات بھی اپنی جگہ خوب ہیں۔ ●

ایم۔ اے۔ مناف برترؔ ۔ مدراس

● اکرام کاوشؔ کی شاعری میں نئی اور پرانی زبان کی بہترین جھلکیاں موجود ہیں۔ اور پروازِ فکر اور حسنِ جذبات کی پاکیزگی بھی اپنی بھرپور توانائی کے ساتھ پائی جاتی ہے۔ اکثر تخلیقات میں انہوں نے زندگی کے تجربات سے مستنبط ہوئے نتائج کو فن میں سمونے کی بھرپور کوشش کی ہے۔ ●

محسن فیاض ۔ مدراس

● 'آبِ زر' پر سلیمان اطہر جاوید کا مضمون اچھا ہے۔ علیم صبا نویدی نے مقدمے میں زیادہ تر میسور کے قدیم ادیبوں کے بارے میں بڑے اچھے معلومات فراہم کئے ہیں۔ دونوں مقدمہ نگاروں نے آپ کے کلام کو سراہا ہے چناں چہ ایسا ہی ہونا چاہیے۔ 'آبِ زر' کی بعض نثری نظمیں پسند آئیں ۔ ●

ڈاکٹر گیان چند جین۔
لکھنؤ

● اکرام کاوش کا نام اور کام دونوں میسور کے اردو ادب کی تاریخ میں ہمیشہ محفوظ اور روشن رہیں گے انہوں نے شہرِ میسور کی بعض پامال اور مٹتی ہوئی قدروں کے سسکتے ہوئے خدوخال کو بڑی جانفشاں محنت، بے پاک لگن اور خاص انہماک کے ساتھ "داستانِ میسور" اور "اذکارِ میسور" کے ذریعہ جلا بخشنے کی جو کوشش کی ہے، وہ واقعی بہت مستحسن اور قابلِ مبارکباد ہے۔

"اذکارِ میسور" معلومات کے اعتبار سے بھی ایک نایاب اور انمول خزانے سے کم نہیں ہے۔ اس کتاب میں بعض ایسے تہذیبی ثقافتی، علمی اور ادبی جواہر پارے موجود ہیں جو شہرِ میسور کی لازوال تاریخ کا احساس ہی نہیں دلاتے بلکہ دیارِ ٹیپو سلطان شہید کے نورانی دور اور اس دور کے بے نظیر کارناموں کا مظہر بھی ہیں ●

حلیم صبا نویدی

سابق ریاست حیدرآباد دکن کی تاریخ و ثقافت

تاریخِ دکن کے چند گوشے

مصنفہ : ڈاکٹر زیب النساء حیدر

بین الاقوامی ایڈیشن منظر عام پر آچکا ہے